O Tecer
DE RELAÇÕES INTERNACIONAIS
contemporâneas

CIP-BRASIL. CATALOGAÇÃO NA PUBLICAÇÃO
SINDICATO NACIONAL DOS EDITORES DE LIVROS, RJ

P73t   Pinto, Paulo Antônio Pereira
            O tecer de relações diplomáticas contemporâneas / Paulo Antônio Pereira Pinto. – 1. ed. – Porto Alegre [RS] : AGE, 2024.
            191 p. ; 16x23 cm.

            ISBN 978-65-5863-264-1
            ISBN E-BOOK 978-65-5863-265-8

            1. Diplomacia. 2. Relações internacionais. 3. Política internacional. I. Título

24-88183   CDD: 327.2
                             CDU: 327

Gabriela Faray Ferreira Lopes – Bibliotecária – CRB-7/6643

Paulo Antônio Pereira Pinto

O Tecer
DE RELAÇÕES INTERNACIONAIS
contemporâneas

PORTO ALEGRE, 2024

© Paulo Antônio Pereira Pinto, 2024

Capa:
Nathalia Real,
utilizando imagem de Shutterstock/hxdbzxy

Diagramação:
Júlia Seixas
Nathalia Real

Supervisão editorial:
Paulo Flávio Ledur

Editoração eletrônica:
Ledur Serviços Editoriais Ltda.

Reservados todos os direitos de publicação à
LEDUR SERVIÇOS EDITORIAIS LTDA.
editoraage@editoraage.com.br
Rua Valparaíso, 285 – Bairro Jardim Botânico
90690-300 – Porto Alegre, RS, Brasil
Fone: (51) 3223-9385 | Whats: (51) 99151-0311
vendas@editoraage.com.br
www.editoraage.com.br

Impresso no Brasil / Printed in Brazil

AGRADECIMENTOS

Agradeço aos professores Antônio Lessa e Paulo Menechelli pela publicação de meus artigos em *Mundorama*.

Agradeço à querida amiga jornalista gaúcha Daniela Sallet, pelas conversas sobre os artigos em publicação, bem como pelas devidas correções.

PREFÁCIO

Convém considerar que, se a versão moderna da diplomacia teve origem no norte da Itália durante o Renascimento, o tecer das relações internacionais contemporâneas projeta foco em outras regiões do mundo, como Ásia Oriental, sudeste asiático e Eurásia. Um novo mundo emerge, no qual as regras do jogo são negociadas entre um Ocidente que perde hegemonia e países como China, seus vizinhos e Rússia. Ordem, desordem e diversas mudanças constituem esse novo mundo. Assim, o estudo da diplomacia e da política internacional é uma permanente construção e reconstrução da história a partir de diferentes perspectivas e abordagens.

O sexto livro do Embaixador Paulo Antônio Pereira Pinto tem como uma de suas contribuições analisar o lugar da China na política internacional e as relações desta com seus vizinhos ao Sul. Ao distinguir outros aportes do livro, como os projetos da Rússia e do sudeste asiático na diplomacia, mas também do conjunto dos outros livros publicados, reforço a importância de suas contribuições como diplomata de carreira e escritor para o entendimento de questões internacionais e pela preservação e divulgação da memória diplomática brasileira.

Nascido no Rio Grande do Sul, o embaixador Paulo Antônio Pereira Pinto, tendo sido representante do Brasil em países em desenvolvimento durante toda sua carreira, fato inspirador, transformou experiência pessoal e profissional na África e na Ásia em conhecimento sobre as complexas interações de países e interesses que determinam os rumos do mundo contemporâneo.

Nas páginas seguintes, os leitores encontrarão olhar sobre a política internacional de observador cuja trajetória diplomática e intelectual se vincula com os contextos examinados. Diplomata aposentado, escreve e publica continuamente; professor, incentivador de jovens estudantes e pesquisadores, impulsiona a interlocução entre diplomacia e academia.

O embaixador ocupou funções importantes no Itamaraty. Foi aluno do Colégio Militar de Porto Alegre entre 1962 e 64. Iniciou suas missões no exterior em 1975, tendo sido designado para a recém-criada Embaixada em Libreville, no Gabão, África Ocidental. Em seguida, serviu em Maputo, entre 77 e 79, e Pretória, entre 79 e 82. Participou, portanto, na importante tarefa da diplomacia brasileira em estabelecer e desenvolver laços diplomáticos com países africanos, um grande avanço para o Brasil naquela altura.

Durante os trinta anos seguintes, serviu entre a China e a Belarus. Nesse percurso, esteve, entre 1982 e 1985, em Pequim, retornando, em seguida, a Brasília; entre 1986 e 1995, serviu no Sudeste Asiático – sucessivamente, em Kuala Lumpur, Malásia; Singapura; e Manila, Filipinas.

Entre 1995 e 1998, trabalhou em Brasília, na Secretaria de Assuntos Estratégicos da Presidência da República. Entre 1998 e 2006, foi Diretor do Escritório de Representação Comercial do Brasil em Taipé, Taiwan. Em 2006 foi transferido para Mumbai, Índia, onde foi Cônsul-Geral até 2009, quando recebeu a missão de ser Embaixador em Baku, Azerbaijão, até 2012. Chefiou o Escritório de Representação do MRE no Rio Grande do Sul, entre 2012 e 2014. Entre 2015 e início de 2019, foi Embaixador em Minsk, Belarus.

Diante dessa trajetória, não existem explicações simplificadas: os processos internacionais são históricos e se tecem em relações complexas, de modo que o autor fornece quadro explicativo dos acontecimentos internacionais examinados. As matérias que alimentam estas análises são fornecidas pela história e por um importante recorte das relações de poder que moldam determinadas regiões do mundo.

Colocando atenção na força econômica da China, destacadamente o comércio, a obra tem papel fundamental em lançar luz sobre região determinante para a inserção internacional do Brasil. De fato, o autor considera pelo menos três elementos da diplomacia dos Estados envolvidos: seu contexto histórico, objetivos e a interação entre diplomacia e economia em questões relevantes, como interesse nacional e prioridades nas relações exteriores, a ordem internacional, tanto econômica como política, os instrumentos de ação e fóruns internacionais que operam nos países e contextos examinados.

É forçoso observar que agosto de 2024 é data comemorativa de 50 anos de estabelecimento de relações diplomáticas entre Brasil e China. Atualmente, esse relacionamento bilateral se traduz em agenda de temas diversos, como investimentos, infraestrutura, comércio, telecomunicações e a importante vertente de cooperação, no marco da Comissão Sino-Brasileira de Alto Nível de Concertação e Cooperação, criada em 2004, atualmente o principal mecanismo de diálogo entre ambos os países. Naturalmente, o comércio com o país asiático é uma questão-chave para o desenvolvimento socioeconômico do Brasil, porque, desde 2009, a China é o principal parceiro comercial do Brasil. O total desse comércio foi de U$ 150 bilhões em 2022, com U$ 28,7 bilhões de superávit para o Brasil.

O Tecer das Relações Internacionais Contemporâneas apresenta-se, assim, como importante contribuição para os estudos da política internacional no Brasil. Vale destacar a importância da obra em examinar o mundo contemporâneo que nos cerca. Ao desenvolver sua narrativa explicando acontecimentos internacionais, o embaixador Paulo Antônio Pereira Pinto organiza a complexidade dos temas em diálogo direto com seu leitor e leitora.

José Alejandro Sebastian Barrios Díaz
Professor na Universidade do Rio Grande (FURG).
Brasília, 24 de janeiro de 2024

SUMÁRIO

Introdução 13

Brasil-China *Tecendo uma Manhã* – um velho ditado brasileiro? 23

China, ASEAN e a RCEP: as relações da *Nanyang*
  com o Império do Centro 30

China: controle sobre o passado ou o futuro? 44

China: a influência ideológica, no século XX,
  e a proteção a chineses no Sudeste Asiático 53

Rússia e China: *Encantos* do *projeto euroasiático* e
  da *proposta de comunidade de nações* 63

Brasil: política externa; a prosperidade em parceria estratégica
  e em zonas de paz e segurança 69

China-Taiwan: a visita de Pelosi e a coreografia chinesa
  esperada pelos EUA 76

O princípio de uma China: a proposta taiwanesa de dois Estados
  e o interesse para o Brasil 85

China-Vietnã: a complexidade do relacionamento histórico 94

China e Rússia: os chineses do Sudeste Asiático e
  os *russos do exterior próximo* 103

China-Rússia: parceria em *Um mundo de desordem sob os céus* 116

Questão da Ucrânia: a *reinvenção da Belarus* e a *ativação da
  Comunidade de Estados Independentes para a solução do conflito"* 125

China: *A contradição principal* e a *nova lei de política externa chinesa* ... 132

Brasil-África: proposta de *prosperidade através do Atlântico* 138

Questão da Ucrânia: reiteração do papel da CEI
no processo de paz 150

Armênia e Azerbaijão: origem do conflito na formação
e dissolução da União Soviética.. 158

China e Índia: emergência e impacto no novo ordenamento
internacional.. 166

China: a Rota das Sedas e *o vento que sopra do Oriente* 178

INTRODUÇÃO

O livro inicia-se com artigo, publicado em *Mundorama*,[1] sobre pronunciamento do Sr. Yang Wanming, Embaixador da China em Brasília, em 2020, no qual o representante chinês menciona um verso de João Cabral de Melo Neto, da poesia "Tecendo uma Manhã", no sentido de esclarecer a política externa atual da RPC.

"Um galo sozinho não tece uma manhã: ele precisará sempre de outros galos. De um que apanhe esse grito e que ele o lance a outro: de um outro galo que apanhe o grito de que um galo antes e o lance a outro: e de que outros galos com muitos outros galos se cruzem os fios de sol de seus gritos de galo para que a manhã, desde uma teia tênue, se vá tecendo, entre todos os galos", narra a obra de João Cabral.

Após recorrer à metáfora do poeta e diplomata brasileiro, de que "um galo sozinho não tece uma manhã", o representante da RPC faz analogia com a atual inserção internacional de seu país. Em sua palestra, Wanming disse que, para Pequim, "o novo modelo de relações internacionais rompe com o paradigma tradicional em que os países mais fortes buscam hegemonia ou se envolvem em um jogo de soma zero. E abandona a mentalidade da Guerra Fria, que divide o mundo entre amigos e inimigos, aliados e antagonistas.".

"Vamos abrir um novo caminho de interação entre países ditado por diálogos em vez de confrontos, por parcerias em vez de alianças. Não temos a

---

[1] *Mundorama* é uma publicação do Centro de Estudos Globais da Universidade de Brasília. Foi concebida inicialmente como atividade do projeto integrado de pesquisa *Parcerias Estratégicas do Brasil: as experiências em curso e a construção do conceito* (desenvolvido por pesquisadores da Universidade de Brasília e de diversas outras instituições brasileiras e estrangeiras entre 2007 e 2012), e apoiada pelo Conselho Nacional de Desenvolvimento Científico e Tecnológico – CNPq.

As contribuições publicadas em *Mundorama* não expressam as opiniões ou pontos de vista dos seus editores, dos membros do seu Conselho Editorial, do Centro de Estudos Globais da Universidade de Brasília ou da Universidade de Brasília. As opiniões expressas em artigos, notas ou resenhas são, portanto, exclusivamente as dos seus autores.

intenção de desafiar ou substituir ninguém, nem mudar o mundo, exportar modelos institucionais ou engajar-nos em confrontos ideológicos", agregou.

O livro registra exercícios de reflexão, principalmente, sobre o histórico recente das relações da China com alguns países de seu entorno mais próximo, no Sudeste Asiático. Alguns capítulos serão dedicados à evolução da "Questão através do Estreito de Taiwan".

Constarão, também, artigos sobre a emergência da Índia, o confronto entre o Azerbaijão e a Armênia e propostas para a negociação entre a Rússia e a Ucrânia. Faço, ainda, referências à formulação de uma estratégia de "prosperidade através do Atlântico" no que diz respeito a nossas relações com a África.

II

A partir de 1976, ingressei na Carreira Diplomática e desfrutei de oportunidades para buscar melhor entendimento de nações que viria a conhecer, bem como com elas desenvolver diferentes formas de interlocução.[2]

Tive o privilégio de desempenhar cinco missões na África. As três primeiras permanentes, sucessivamente em Libreville, Gabão e Maputo, Moçambique, entre 1976 e 1979, e Pretória, na África do Sul, como encarregado de negócios (chefe interino) até 1982, durante a vigência do *apartheid*. As duas últimas foram temporárias em Uagadugu, Burkina Faso, durante três meses, em 2013, e, por dois meses, no ano seguinte, em Cotonou, Benin.

Em 1982, iniciei périplo asiático, ao chegar a Pequim, no início do processo de abertura da China para o exterior. Nas duas décadas seguintes, tive oportunidade de servir na região de influência cultural chinesa, inclusive no Sudeste Asiático, entre 1986 e 1995, e na província chinesa de Taiwan, en-

---

[2] Diplomata aposentado. Fui Embaixador em Minsk, Belarus, entre 2015 e 2019, Chefe do Escritório de Representação do MRE no RS, entre 2012 e 2014. Servi, anteriormente, como Embaixador em Baku, Azerbaijão, entre 2009 e 2012, e Cônsul-Geral em Mumbai, entre 2006 e 2009, e, a partir de 1982, durante vinte anos, na Ásia Oriental, sucessivamente, em Pequim, Kuala Lumpur, Cingapura, Manila e Taipé. Na década de 1970 trabalhei, na África, nas Embaixadas em Libreville, Gabão, e Maputo, Moçambique, e fui Encarregado de Negócios em Pretória, África do Sul.

tre 1998 e 2006, ou permanecer envolvido com assuntos da área, no cumprimento de funções em Brasília.

Ao término de oito anos e meio servidos em Formosa, fui transferido, em 2006, para a "Boa Bahia" – antigo nome de Bombaim, hoje Mumbai, a maior cidade indiana – onde fui o primeiro Cônsul-Geral do Brasil.

Em 2009, recebi a missão de instalar a Embaixada do Brasil em Baku, como primeiro Embaixador residente. A região ao Sul da Cordilheira do Cáucaso, onde se situa o Azerbaijão, era mais bem conhecida, na Antiguidade Greco-Romana e no auge da Rota das Sedas, do que no mundo atual.

No que diz respeito à minha última experiência profissional, na Belarus, ressalto a facilidade de interlocução e de empatia com a população, cujos antepassados recentes tanto sofreram durante a Grande Guerra Patriótica e com a crise da Usina Nuclear de Chernobyl, em 1986.

Em Minsk tive oportunidade de observar área ainda em disputa de influência entre Bruxelas – sede da União Europeia – e Moscou – com o projeto eurasiano do Presidente Putin.

Procuro, então, atualizar o conhecimento sobre a importância de país que, quando mencionado, era identificado apenas por ter Lee Oswald morado em Minsk, antes de retornar aos Estados Unidos e assassinar o ex-Presidente Kennedy.

III

Os exercícios de reflexão reunidos no livro são uma seleção de artigos publicados em *Mundorama* a partir de dezembro de 2020. Não pretendo, portanto, apresentar estudos acadêmicos, no sentido de registrar pesquisas de grandes autores, sobre a formação política das partes do mundo onde trabalhei.

Durante o período, enquanto diplomata no exterior, procurei mapear tendências políticas e identificar atores que a conduziriam, em regiões onde servi. Em retrospectiva, verifico que, por um lado, evoluções políticas não ocorrem necessariamente no âmbito de fronteiras que definem países. Por outro, os atores não são necessariamente os governos, mas, sim, a sociedade que serve e atua como palco e protagonista.

Em suma, trata-se de identificar uma sucessão de *tecer* relações internacionais.

No segundo artigo, refiro-me à formação da Parceria Regional Econômica Abrangente (RCEP, na sigla inglesa). A propósito, o mundo acostumou-se a que anúncios recentes relativos à formação de grandes projetos de integração, na Ásia-Pacífico e em seu entorno sejam feitos pelos associados ao Presidente Xi Jinping, da República Popular da China.

A declaração do Primeiro-Ministro do Vietnã, Nguyen Xuan Phuc, em 15 de novembro de 2020, contraria essa rotina. Naquela data – segundo noticiado – o líder vietnamita afirmou, na condição de *país anfitrião* de cúpula *on-line*: "Tenho o prazer de dizer que, após oito anos de trabalho duro, a partir de hoje, concluímos oficialmente as negociações da RCEP para a assinatura".

Segundo Phuc, a conclusão das negociações da RCEP envia uma mensagem forte ao mundo, ao "reafirmar o papel de liderança da Associação de Nações do Sudeste Asiático (Asean) em defesa do multilateralismo". "O acordo apoia o sistema comercial multilateral, criando uma nova estrutura na região, permitindo a facilitação do comércio sustentável, revitalizando as cadeias de abastecimento interrompidas pela Covid-19 e ajudando na recuperação pós-pandêmica".

Foi assim oficializada, por conferência virtual – por razão da epidemia que estava em curso – a criação do maior tratado comercial do mundo, que envolve a China e outros 14 países da região Ásia-Pacífico, deixa de fora os Estados Unidos e abarca uma área onde vivem mais de 2,2 bilhões de pessoas.

Nessa perspectiva, sucessivos exercícios de reflexão publicados no livro examinam a evolução do compromisso de Pequim com as nações ao sul de suas fronteiras, que representam o agrupamento regional onde aconteceu, prioritariamente, essa "ascensão chinesa".

Mas de que China queremos falar?

Sobre a civilização que baseava sua existência milenar em princípios confucionistas, em busca da harmonia entre indivíduos e povos; ou sobre um Estado disposto a conquistar, doravante, a supremacia econômico-tecnológica no plano externo e a adotar forma de governança capaz de exercer controle político sobre sua população por mecanismos cada vez mais autoritários.

Isto é, a China que **controlava o passado**, como forma de legitimação dos diversos momentos de sua história, apelando para o conceito de *Mandato Celestial*; ou uma eventual RPC que, com "gestão hábil vai ultrapassar os EUA e se tornar a maior economia do mundo em 2028, cinco anos antes do prazo estimado", assim **controlando o futuro**.

A República Popular da China, desde a década de 1950, tem realizado esforços no sentido de recuperar para o Estado chinês o prestígio internacional que o antigo império chinês havia conquistado. A preocupação maior, no entanto, foi a de reverter a situação de inferioridade de uma nação, que sempre se considerara a mais civilizada do mundo e que se encontrava, então, em situação de atraso em relação a outros povos.

Essa postura chinesa teve repercussões em seu relacionamento com o Sudeste Asiático, inclusive no que dissesse respeito à proteção a chineses que habitavam naquela região. Estes fatos são recordados em capítulos seguidos, em benefício da melhor compreensão do atual panorama de integração entre a ASEAN e a RPC.

Assim, por exemplo, "O Conceito Estratégico da OTAN 2022" descreve os chineses como *belicosos*. Segundo o documento: "Ambições declaradas e políticas coercitivas pela RPC desafiam interesses, segurança e valores da OTAN. A China emprega amplos instrumentos de caráter político, econômico e militar para incrementar sua presença global e projeção militar, enquanto permanece opaca quanto a sua estratégia, intenções e aumento da capacidade militar."

De sua parte, Henry Kissinger, em recente entrevista, ao referir-se à ascensão chinesa, compartilhava visão mais otimista quanto ao atual papel a ser desempenhado pela RPC em sua inserção internacional. Isto é, "o estilo de sua política externa é o de procurar exercer influência por meio da escala de suas conquistas, através da majestade de sua conduta, reforçada, quando necessário, pela utilização da força, mas não necessariamente pela constante ameaça do emprego de tais meios".

Estes tópicos também são abordados em sucessivos artigos.

IV

No momento em que se vive preocupação mundial com a situação ucraniana, pode ser instrutivo refletir sobre *encantos* enunciados, em Moscou e Pequim, a respeito de esforços compartilhados entre nações em favor do progresso da humanidade.

A seleção de artigos, portanto, inclui alguns relativos às relações sino-russas e à invasão da Ucrânia pela Rússia.

Assim, quando, em 4 de fevereiro de 2022, foi assinado, na capital chinesa, o Comunicado Conjunto da Federação Russa e da República Popular da China sobre as Relações Internacionais em direção a Nova Era e da Sustentabilidade Global do Desenvolvimento, houve esperança de que, pelo menos uma parte do mundo pudesse viver período de *encanto*.

Foi, então, acordado que "ambas as partes estão procurando avançar em seu trabalho de vincular os planos para o desenvolvimento da União Econômica Eurasiana, patrocinada por Moscou, e a Iniciativa do Cinturão e Rota das Sedas, de Pequim, com vistas a intensificar a cooperação prática entre os projetos russos e chineses de forma a promover maior integração entre a Ásia-Pacífico e a Eurásia."

Em sucessivos artigos, a partir da invasão da Ucrânia pela Rússia, em fevereiro de 2022, reitero a opinião pessoal de que a solução para o conflito deverá transitar pela Comunidade de Nações Independentes, herdeira de países que formaram a URSS – estabelecida, em Minsk, capital da Belarus, em 8 de dezembro de 1991 – antes, portanto, da extinção da União Soviética.

Conforme mencionado, mesmo independentes, 11 antigos membros da URSS decidiram manter vínculos entre si, com o objetivo de estabelecer sistema econômico e de defesa entre antigas repúblicas da União Soviética.

De qualquer forma, existem adormecidos na CEI – sempre repetindo que tem sede na capital bielorrussa – mecanismos de articulação que *eventualmente* poderiam ser acionados no que diz respeito a conflitos entre antigos *camaradas soviéticos*, como o da Questão da Ucrânia. Minsk, nesse contexto, tem sido escolhida, em consenso com países ocidentais, como local para acordos destinados a negociar tais disputas.

V

A Questão de Taiwan é tratada em exercícios de reflexão com vistas a "situar" melhor seus contornos, que Washington, com frequência, define no âmbito de *ambiguidade estratégica*, no que diz respeito aos acordos firmados com a RPC, quanto à soberania chinesa sobre a ilha.

Assim, em 27 de fevereiro de 1972, na final da visita de Richard Nixon à China, foi assinado, com Mao Zedong, o "Joint Communiqué of the

United States of America and the People's Republic of China", também conhecido como o *Comunicado de Xangai*.

De acordo com seu texto: "The document pledged that it was in the interest of all nations for the United States and China to work towards the normalization of their relations, and affirmed a mutual interest in détente".

Quanto à soberania sobre Taiwan, o acordo prevê que "cabe aos chineses decidirem sobre o assunto e que os Estados Unidos da América tomam conhecimento (*acknowledges*) da posição de Pequim de que só existe uma China". Daí, cabe ressaltar, a dúvida permanente da RPC quanto à "ambiguidade estratégica" norte-americana.

Análises disponíveis colocam o tema em contexto de uma nova bipolaridade mundial, agora entre Pequim e Washington.

Cabe registrar que pouca reflexão é feita sobre como a estratégia de inserção internacional do Brasil é afetada no contexto desta nova *bipolarização*.

O interesse brasileiro pela disputa entre Pequim e Taipé, a propósito, transcende a curiosidade quanto à essência do debate entre a posição da RPC – de fazer prevalecer o conceito de "um país, dois sistemas" – e a de Taiwan – de propor "um país em cada margem do estreito".

Um capítulo é dedicado às técnicas de negociação utilizadas pelas partes chinesa e taiwanesa. Essa reflexão pode servir de ensinamento para gestões nossas de caráter econômico ou político com o chamado "universo chinês", onde China e Taiwan se incluem.

VI

Joe Biden equiparou Xi Jinping a *ditadores* recentemente. Pequim reagiu, afirmando que a fala do americano fora *ridícula* e uma provocação política. A acusação do presidente americano, no contexto da rivalidade atual, entre os EUA e a RPC, parece colocar a disputa entre as superpotências no patamar de: "autoritarismo *versus* democracia".

Arrisca-se, assim, a simplificar a atual contradição entre Washington e Pequim à questão de qual das capitais é sede da melhor *forma de governança*.

No contexto do problema, é inevitável situar a divergência no âmbito da "Questão através do Estreito de Taiwan", que, como herança do período de confrontação da Guerra Fria, opõe Pequim e Taipé quanto à soberania sobre aquela ilha.

A título de complicador adicional aos diferentes argumentos históricos expressos em cada parte em disputa, os Estados Unidos alegam que defendem, em Taipé, o *sistema democrático* existente na ilha, em oposição ao autoritarismo daquele "que Biden citou como ditador da RPC".

Nessa perspectiva, visto que estaria em debate – também naquela parte do mundo – a relatividade do conceito dessa forma específica de governança, sugiro reflexão sobre a existência atual de uma *democracia chinesa*.

Tratando-se de *universo chinês*, seria adequado recorrer ao pensamento do *grande timoneiro*, ainda atual, no seu discurso sobre *As Contradições*. No ensaio, Mao Zedong afirmava que "entre as muitas contradições em um processo de desenvolvimento, uma delas é a principal, cuja existência e evolução determinam ou influencia a evolução das demais".

Nessa perspectiva, com vistas a entender a importância do tema para o ajuste de diferentes argumentos locais, caberia avaliar se o alardeado estabelecimento de uma *democracia* em Taiwan constituiria uma *contradição principal*, que dificultaria a solução da disputa de soberania sobre a ilha.

Hipótese alternativa consideraria que o quadro mais amplo de ajustes necessários nas relações através do estreito dependeria, menos, da aplicação prática – no continente e na ilha – de valores ocidentais de governança e, mais, **da criação de espaços onde diferentes ações das sociedades civis de ambas as margens possam defender sua identidade cultural e formas de agregação historicamente compartilhadas.**

Conclui-se que, em linhas gerais, na margem formosina do estreito, a *primeira democracia chinesa* seria, na essência, um compromisso entre líderes do Kuomintang, vindos da China com Chiang, e representantes de forças políticas taiwanesas, no sentido de obter-se, tanto a estabilidade necessária ao crescimento econômico da ilha e, quanto a conquista de base de sustentação ideológica para justificar a sobrevivência da República da China, em Taiwan.

Não seria, nessa perspectiva, a resolução de uma contradição principal, no sentido de que se tenha obtido, em Taiwan, a fórmula a ser aplicada com resultados imediatos para problemas de governabilidade comuns aos dois lados do estreito.

Tal composição, cabe reiterar, só será atingida quando for criado espaço para que ações das sociedades civis de ambas as margens do estreito possam usufruir da identidade cultural e formas de agregação históricas que compartilham.

Por enquanto, reitera-se, em Taiwan, existe uma democracia eleitoral, sem as instituições democráticas necessárias – como uma Constituição própria.

Na República Popular, no entanto, predominaria um "governo do Partido Comunista Chinês, pelo PCC, para o PCC".

VII

Parece oportuna a reflexão sobre diferenças na evolução das formas de convivência, entre a RPC e os chineses que incluem significativa população no Sudeste Asiático (*overseas Chinese*), e as *dificuldades nas relações* da Rússia com países vizinhos, onde vivem, como herança da União Soviética, *russos do exterior próximo*.

Assim, o sistema de governança no Sudeste Asiático absorveu influência chinesa, com base em tradições confucionistas. Não se buscou, portanto, a segregação ou mesmo a eliminação de uma ou outra etnia. Assistiu-se, ao contrário, a uma organização regional, não ao redor de blocos ou polos alternativos, mas em redes concomitantes de cooperação, rivalidades e, por vezes, conflito.

Isto é, a interação conquistada, na antiga área periférica da China, aconteceu através de sucessivas *formas de articulação* entre sociedades civis de identidades culturais variadas, ao contrário do ocorrido, por exemplo, na ex-URSS.

São distintas da situação dos *overseas Chinese*, no entanto as relações entre Moscou e pessoas que conservam a identidade cultural russa, em países vizinhos, ex-integrantes da URSS. Desnecessário lembrar que, ao contrário do deslocamento de chineses para o Sudeste Asiático, resultado de ações da sociedade civil e ocorrido há centenas de anos, os *russos do exterior próximo* foram estabelecidos por decisão do Governo em Moscou, no século passado, a partir da criação da União Soviética.

Existiria, a propósito, uma *visão de futuro* que *sugeriria* novos vínculos para um espaço pós-soviético, seguindo caminho no sentido de uma *União das Repúblicas do Exterior Próximo*.

VIII

Em capítulo único sobre minha experiência no continente africano, discorro sobre enunciados, como o da *parceria estratégica* e os de *zonas de paz e cooperação*, que se tornam repetitivos e indefinidos, a ponto de se colocar, com frequência, a questão de que "o resto do mundo sabe o que deseja do Brasil, mas o Brasil não sabe o que deseja do exterior". Este critério se aplicaria, principalmente, às relações com a China e a África.

Proponho, nessa perspectiva, reflexão sobre iniciativas visando à prosperidade em parceria estratégica e em Zonas de Paz e Segurança através do Atlântico.

BRASIL-CHINA:
TECENDO UMA MANHÃ:
um velho ditado brasileiro?

Rio de Janeiro, em 11 de dezembro de 2020.

Estamos acostumados a citar "velhos ditados chineses", para explicar situações diversas. Surpreende, portanto, quando o Sr. Yang Wanming, Embaixador da China em Brasília, menciona uma linha de João Cabral de Melo Neto, na poesia "Tecendo uma Manhã", no sentido de esclarecer a política externa de seu país.

Após recorrer à metáfora do poeta e diplomata brasileiro, de que "um galo sozinho não tece uma manhã", o representante da RPC faz analogia com a atual inserção internacional de seu país. "Somente quando todos os países, grandes e pequenos, ricos e pobres, puderem respeitar uns aos outros, resolver suas disputas pelo diálogo e diminuir suas divergências com negociações, é que a Humanidade pode esperar um amanhã melhor", afirmou.

"Um galo sozinho não tece uma manhã: ele precisará sempre de outros galos. De um que apanhe esse grito e que ele o lance a outro: de um outro galo que apanhe o grito de um galo antes e o lance a outro: e de que outros galos com muitos outros galos se cruzem os fios de sol de seus gritos de galo para que a manhã, desde uma teia tênue se vá tecendo, entre todos os galos", segue a obra de João Cabral.

Em sua palestra, Wanming disse que, para a RPC, "o novo modelo de relações internacionais rompe com o paradigma tradicional em que os países mais fortes buscam hegemonia ou se envolvem em um jogo de soma zero. E abandona a mentalidade da Guerra Fria, que divide o mundo entre amigos e inimigos, aliados e antagonistas".

"Vamos abrir um novo caminho de interação entre países ditado por diálogos em vez de confrontos, por parcerias em vez de alianças. Não temos a intenção de desafiar ou substituir ninguém, nem mudar o mundo, exportar modelos institucionais ou engajar-nos em confrontos ideológicos", agregou.

Cabe conferir, portanto, o histórico recente das relações da China com alguns países de seu entorno mais próximo. Não serão mencionados, neste exercício de reflexão, Japão ou Índia.

Sua reflexão é oportuna para breve recapitulação sobre o passado recente das relações da República Popular da China com o exterior, desde sua fundação, em 1949. Teria Pequim feito esforços, a partir de então, para tecer uma alvorada pacífica no seu entorno mais próximo?

A ABERTURA DA CHINA PARA O EXTERIOR

Entre 1982 e 1985, quando servi em Pequim, o cenário internacional era bipolar, centrado em Washington e Moscou. Segundo classificação adotada no Ocidente, o planeta era dividido em *Três Mundos*. Os países industrializados de economia de mercado eram incluídos no Primeiro Mundo. Os de sistema econômico centralmente planificado participavam do Segundo. Os em desenvolvimento eram despachados para o Terceiro.

Durante a fase maoista, no entanto, os chineses tinham visão própria a respeito. O mundo estaria dividido em duas partes antagônicas – a metade que apoiava ideologicamente o bloco soviético, e a outra que a ele se opunha, incluindo a China. A política externa da China seguia esse esquema com rigidez. Assim, um pressuposto seria de que tudo o que pudesse prejudicar os interesses de Moscou seria favorável a Pequim.

Sob a liderança de Deng Xiaoping, a postura chinesa tornou-se mais pragmática no plano externo. A concepção maoista dos *Dois Mundos* foi sendo radicalmente modificada. Nesse contexto de transformação da visão chinesa do sistema internacional, o "último grande timoneiro do século XX" – como se referem a Deng alguns historiadores – passou a defender sua própria teoria dos *Três Mundos*.

Em discurso pronunciado na Assembleia Geral das Nações Unidas em 10.04.1974, Deng, então Vice-Primeiro Ministro, elaborara sobre o conceito, ao afirmar que: "No momento, a situação internacional é mais favorável aos países em desenvolvimento. Mais e mais, a velha ordem sustentada pelo colonialismo, imperialismo e hegemonismo está sendo destruída e abalada em suas fundações. Relações internacionais estão mudando drasticamente. O mundo todo está em estado de turbulência e inquietação. A situação é a de *grande desordem sob o céu*, como a descrevemos, nós os chineses. A *desordem* é a manifestação do agravamento das contradições básicas do mundo contemporâneo. É a aceleração da desintegração e declínio e decadência de forças reacionárias e o estímulo ao despertar e crescimento de novas forças populares."

Segundo Deng, na *grande desordem sob o céu* todas as forças políticas do mundo sofreram divisões drásticas e realinhamentos derivados de prolongados testes de força e conflitos. Grande número de países asiáticos, africanos e latino-americanos sucessivamente conseguiu a independência, e estavam desempenhando papel cada vez mais importante em assuntos internacionais. No momento em que pronunciou seu discurso, e como resultado da emergência do *sócio imperialismo* (que delícia de expressão para descrever a hegemonia soviética sobre seus *satélites*), o campo socialista, que existia desde a conclusão da Segunda Guerra Mundial, não mais perduraria.

O "último grande timoneiro" afirmava, ainda, que devido à lei do "desenvolvimento desigual do capitalismo", o bloco imperialista ocidental também estava se desintegrando. "A julgar pelas alterações nas relações internacionais, o mundo atual consiste em três partes, ou três mundos, que são tanto interconectados quanto contraditórios. Os Estados Unidos e a União Soviética formam o Primeiro Mundo. Os países em desenvolvimento na Ásia, África e América Latina integram o Terceiro Mundo. Os desenvolvidos – sejam os do mundo capitalista ou do socialista – formam o Segundo Mundo", esclarecia.

De acordo com seu ponto de vista, "as duas superpotências, Estados Unidos e União Soviética, procuram em vão conquistar a hegemonia mundial. Cada uma busca, ao seu estilo, trazer os países do Terceiro Mundo a sua esfera de influência, assim como aqueles que, mesmo desenvolvidos, não são capazes de se opor aos desígnios de Washington ou Moscou."

Enquanto a liderança chinesa alterava seu discurso para justificar o projeto de modernização no plano interno, nova tipologia era aplicada no patamar externo. Pequim assim buscava explicar, a partir da cunhagem de novos conteúdos para os três mundos, sua inserção no cenário internacional.

Em outras palavras, não mais caberia um mundo dividido em duas partes – "a URSS sócio imperialista de um lado, e o resto do mundo, incluindo a RPC, no outro". Era mais conveniente pensar a partir daquela outra divisão, que colocava a China, com suas práticas modernizantes internas, liderando um Terceiro Mundo em oposição à hegemonia de Washington e Moscou.

Cabe lembrar, a propósito, as razões da ruptura entre Pequim e Moscou na década de 1960. O cisma já existiria, de acordo com estudiosos do assunto, desde a década de 1930. Segundo consta, o Partido Comunista da União Soviética desejava controlar o Partido Comunista Chinês, numa variante do exercício que fazia com partidos comunistas de outros países.

Durante o período da Guerra Fria, os dirigentes soviéticos persistiram nesses esforços. Entre as preocupações russas estava o desenvolvimento da bomba atômica chinesa.

Sempre de acordo com especialistas no assunto, as relações bilaterais foram realmente prejudicadas na década de 1960, quando Nikita Kruschev iniciou o processo de *desestalinização* da URSS, bem como a aproximação da União Soviética com o Ocidente. Isso porque, segundo a visão de Pequim, avanços tecnológicos como o lançamento do primeiro Sputnik em 1957 indicavam o fortalecimento do mundo comunista. Segundo o linguajar da época, "o vento que vem do Leste prevalece sobre o que vem do Oeste". Nesse contexto, seria importante para Mao que houvesse maior militância contra a parte ocidental do planeta, não o contrário, como estariam indicando as ações de Moscou.

Pequim demonstrara paciência com Moscou na medida em que dependia do auxílio da URSS para levar avante a transição do país para o socialismo. Entre 1958-1960, no entanto, foram desencadeadas na China as desastrosas políticas do *Grande Salto para Adiante* e os conselheiros russos se retiraram, numa demonstração do profundo descontentamento de Moscou com as reformas propostas pelos chineses.

Em suma, o cisma sino-soviético ocorreu "em nível ideológico, militar e econômico" pelas mesmas razões: para a liderança chinesa a conquista da autossuficiência e da independência era prioritária, em comparação com os benefícios a serem recebidos dos russos, os chineses na condição de parceiros menores. Lembra-se que Mao fizera a revolução para livrar a China de mais de um século de domínio estrangeiro. Caso aceitasse a submissão à URSS, estaria negando sua própria conquista. Na década de 1960, agravaram-se as divergências. A China decidiu reabrir disputas fronteiriças, questões acertadas com a Rússia Imperial. Após malsucedidas negociações, em 1964 a União Soviética iniciou processo de fortalecimento dos exércitos nas áreas mais próximas da RPC.

As relações entre os dois países permaneceram tensas, tanto que em 1969 chegou-se a pensar que a guerra entre ambos os países seria inevitável. Pequim e Moscou passavam de estado de hostilidade à ameaça de confrontação. O *fator soviético*, portanto, passara a ocupar lugar dominante no pensamento maoísta quanto à forma de adequadamente inserir o país no sistema internacional.

No que diz respeito a sua inserção internacional, em retrospectiva pode-se defender haver sido melhor para os chineses terem se afastado dos russos. Caso contrário, possivelmente o país teria seguido o modelo soviético, transformando-se em potência fortemente industrializada e militarizada. Tornar-se-ia, num cenário-limite, em mais um membro do Pacto de Varsóvia, condenado a seguir o caminho da falência da URSS ao término da Guerra Fria.

Provavelmente, na vigência desse cenário não teriam ocorrido na China as reformas voltadas para a construção da economia socialista de mercado, hoje tão bem-sucedidas.

AS RELAÇÕES DA RPC COM PAÍSES VIZINHOS AO SUL

Em meados da década de 1980, o então Vice-Primeiro-Ministro Deng Xiaoping efetuou visita ao Japão, para a assinatura de acordo de paz sino-nipônico. Durante essa ocasião, Pequim e Tóquio denunciaram "políticas hegemônicas da parte de qualquer país".

Visitando, em seguida, Tailândia, Malásia e Singapura, Deng repetia as denúncias contra os *esforços de dominação* da URSS, em direção ao Sudeste Asiático, com o auxílio de seu aliado vietnamita.

Sem a preocupação de ser "um dos galos que teceriam uma manhã pacífica", a China se esforçava para denunciar "as manobras do esforço soviético de dominação ideológica". Daí – conforme se procurou explicar acima – Pequim reafirmava sua tese dos *Três Mundos*: o primeiro, dividido pelos EUA e URSS, que constituiriam ameaça à paz mundial; o segundo, incluindo os países industrializados do Ocidente e o Japão; e o terceiro, que seguiria a liderança da China.

Notava-se, contudo, que tal rigidez doutrinária tornava-se, gradativamente, menos convincente, na medida em que Deng passou a favorecer as relações entre Pequim e Washington. A visão chinesa da *desordem sob os céus* passava a refletir uma bipolaridade entre os Estados Unidos e a União Soviética. Isto é, ao se incluir como simpática a Washington – nós contra Moscou.

Os dirigentes da RPC persistiam nos jargões ideológicos, aplicando terminologias marxistas aos líderes da URSS – que passaram a ser denunciados como *revisionistas* e agentes do *imperialismo soviético*.

Aos poucos, contudo, a *retórica comunista* deixou de ser utilizada, para definir *diferenças ideológicas*. Doravante, Moscou seria a sucessora de ambições *tzaristas*, em busca da *hegemonia sobre a Ásia*. O vocabulário ideológico tornava-se irrelevante, substituído por acusações de *dominação territorial*.

A inovação da narrativa chinesa sobre o que acontecia na Ásia passou, então, a contaminar outros países da região. Como se sabe, algumas nações, que se tornaram independentes na década de 1960, adotaram *princípios socialistas*, inspirados pela própria China.

Nessa perspectiva, países que se emanciparam de potências coloniais, no período pós Guerra Mundial haviam adotado "normas igualitárias de organização social e formas de governo centralmente planificadas". Teorias anunciadas por Pequim ensinavam que *rebelar-se é justificável*, assim como as explicações apresentadas para a pobreza das antigas colônias, em termos de exploração de seus recursos naturais e mão de obra barata, serviam como inspiração para a luta contra as metrópoles europeias.

Daí a adoção, pelos novos países independentes, de políticas de expropriação de empresas estrangeiras, a nacionalização de setores vitais da economia e a "divisão da riqueza nacional entre a maioria da população explorada pelo Capitalismo".

Nas décadas seguintes, contudo, essas nações testemunharam sucessivas derrotas do sistema socialista, no sentido de promover reformas para alcançar a industrialização e o desenvolvimento. Eram exemplos: a permanência da estagnação na República Popular da China; o desastre econômico provocado por políticas socialistas na Indonésia de Sukarno; na Birmânia de Ne Win; e na Coreia do Norte de Kim Il Sung. Começava-se a pensar menos em ideologia e mais em medidas pragmáticas, para alcançar o progresso e manter no poder os governos vitoriosos na luta pela independência.

Ademais, o conceito de *internacionalismo socialista* fora fatalmente atingido pelo cisma sino-soviético da década de 1960 e enterrado em fevereiro de 1979, quando a China lançou seus exércitos através das fronteiras com o Vietnam, com o objetivo de "ensinar uma lição" a seu pequeno vizinho recalcitrante.

A reivindicação chinesa de liderança pacífica sobre o *Terceiro Mundo* se diluiu, como consequência de seu ataque contra um país que, havia pouco tempo, tinha enfrentado a maior potência militar mundial e derrotado o *imperialismo norte-americano*.

Enquanto isso, a China, na década de 1980, continuava a encorajar as provocações de Pol Pot contra o Vietnam. Tal esforço a favor do regime monstruoso então no poder no Camboja erodia ainda mais o prestígio de Pequim nas demais capitais do Sudeste Asiático, já assustadas com a guerra dos chineses contra os vietnamitas. A propósito, lembro que – enquanto servia em Pequim, entre 1982 e 1985 –, considerava-se que a RPC nada faria para contribuir para a queda do genocida Pol Plot, com o objetivo de *bleed Vietnam white* (ensanguentar o Vietnam até sua retirada do Camboja). Não havia, nessa perspectiva, teia de galos cantando para um amanhecer harmonioso entre a China e seus vizinhos ao sul.

Era possível concluir, nessa perspectiva, que a ruptura do *mundo socialista* na Ásia Oriental deveria ser atribuída a conflitos entre *nacionalismos*. As disputas entre ideologias políticas ou econômicas ficariam em segundo plano.

O objetivo perseguido naquela parte do mundo era – e continua sendo – o de que todas as nações, cada uma com sua forma de governança e organização de mercado própria, possam compartilhar de manhãs futuras de progresso, sem submissão à hegemonia política ou econômica de vizinho com poder econômico e militar superior.

Nesse sentido – como citou o embaixador chinês – João Cabral traduziu, em sua poesia mencionada acima a proposta de "comunidade com o futuro compartilhado". "Nesse cenário, todos os países e povos têm perspectivas estreitamente interligadas e interdependentes", concluiu.

Cabe desejar que *rotas de galos* ou *teias de sedas*, atualmente propostas por Pequim, não venham a resultar em novo *hegemonismo*, ditado por forma de governança que vise a colocar, de acordo com modelo chinês próprio, *ordem sob o céu*.

Viva o *Galo da Madrugada*! – bloco carnavalesco do Recife, terra de nascimento de João Cabral.

CHINA, ASEAN E A RCEP:
As relações da Nanyang" com o Império do Centro

Rio de Janeiro, em 4 de janeiro de 2021.

Evolução histórica

O mundo acostumou-se a que anúncios recentes relativos à formação de grandes projetos de integração, na Ásia-Pacífico e seu entorno, sejam feitos pelo e associados ao Presidente Xi Jinping, da República Popular da China.

A declaração do Primeiro-Ministro do Vietnã, Nguyen Xuan Phuc, em 15 de novembro de 2020, contraria essa rotina. Naquela data – segundo noticiado – o líder vietnamita afirmou, na condição de *país anfitrião* de cúpula *on-line*: "Tenho o prazer de dizer que, após oito anos de trabalho duro, a partir de hoje, concluímos oficialmente as negociações da RCEP (Parceria Regional Econômica Abrangente) para a assinatura".

Segundo Phuc, a conclusão das negociações da RCEP envia uma mensagem forte ao mundo, ao "reafirmar **o papel de liderança da Associação de Nações do Sudeste Asiático (Asean) em defesa do multilateralismo**". "O acordo apoia o sistema comercial multilateral, criando uma nova estrutura na região, permitindo a facilitação do comércio sustentável, revitalizando as cadeias de abastecimento interrompidas pela Covid-19 e ajudando na recuperação pós-pandêmica".

Foi assim oficializada, por conferência virtual, a criação do maior tratado comercial do mundo, que envolve a China e outros 14 países da região Ásia-Pacífico, deixa de fora os Estados Unidos e abarca uma área onde vivem mais de 2,2 bilhões de pessoas.

O Tratado RCEP abrangerá um terço da atividade comercial do planeta, e os signatários esperam que sua criação ajude os países a sair mais rápido da turbulência imposta pela pandemia de coronavírus.

Além dos dez membros da Asean, o tratado inclui China, Japão, Coreia do Sul, Austrália e Nova Zelândia.

A formalização do RCEP oferece oportunidade para exercício de reflexão sobre o relacionamento entre a China (onde servi em Pequim, como diplomata, entre 1982-85, e em Taipé, como Diretor do Escritório Comercial, entre 1998 e 2006) e o Sudeste Asiático (onde servi, entre 1986 e 1995, sucessivamente, em Kuala Lumpur, Singapura e Manila).

Reforço o caráter de excepcionalidade de o anúncio da formalização da RCEP ter sido feito em capital de um membro da ASEAN, e não em Pequim. Isto porque, conforme procurarei sumariar, historicamente a China sempre conferiu papel de subordinação a seus vizinhos no Sudeste Asiático. É intrigante, portanto, que, após sucessivos anúncios de esforços de integração entre as duas regiões asiáticas, sempre divulgadas como sendo patrocínio dos chineses, o maior dos projetos, até hoje, seja noticiado como um sucesso, em capital historicamente considerada periférica ao *Império do Centro*.

Sabe-se que os chineses desenvolveram, há séculos, uma visão *sinocêntrica* do mundo. Este pensamento incluía dois componentes principais. O primeiro era a ideia de que o Imperador da China reinava sobre o território do que então era conhecido como o *Império do Centro* e as áreas vizinhas, sem que, entre estas, fosse estabelecida qualquer distinção ou limites geográficos – eram consideradas simplesmente uma vasta mancha amorfa.

O segundo aspecto dizia respeito à percepção chinesa de que o mundo – dentro dos limites então alcançáveis – poderia ser governado de forma harmoniosa e pacífica, como uma sociedade ideal, sob o manto de um Imperador virtuoso. Unidade e harmonia eram, assim, os objetivos a serem atingidos, numa visão utópica de como deveriam estabelecer-se as relações com seu entorno mais próximo, sempre ditadas a partir de um centro de decisões localizado dentro da China.

Traço também característico, resultante dessa noção de superioridade chinesa, era a atitude de desdém com respeito ao comércio com o exterior, delegado a populações de outras etnias, principalmente ao sul de seu território.

A China e o Sudeste Asiático durante a Dinastia Ming

Após seu périplo ao sul das fronteiras chinesas, no século XV, durante a Dinastia Ming, o Almirante Zheng He descreveu a viagem ao Sudeste Asiático, ou *Nanyang*, relatando que as relações da antiga China Imperial com aquela parte do mundo eram caracterizadas pelo tratamento diferenciado concedido a três grupos de *unidades tribais e políticas* então identificados. Hoje, tais conjuntos correspondem aos países seguintes: o constituído por Myanmar, Laos e Vietnã; o formado por Malásia, Cingapura, Indonésia, Filipinas e Brunei; e o do Camboja e Tailândia.[3]

Assim, laços de vassalagem foram mantidos com Myanmar, Laos e Vietnã, até o final da Dinastia Qing, encerrada com a instalação do sistema republicano, em 1912. A região predominantemente marítima do Sudeste Asiático – atualmente integrada por Indonésia, Malásia, Cingapura, Brunei e Filipinas – logo se separou da área de influência direta chinesa. Tailândia e Camboja ficaram em situação de dependência intermediária.

Desde o início da Dinastia Yin, em 3.000 A.C., a nação chinesa desenvolveu sua própria civilização em isolamento, sem se defrontar com concorrente algum entre as culturas vizinhas. As tribos periféricas foram sempre menos adiantadas e, com frequência, aceitavam o Imperador chinês como seu próprio suserano[4].

---

[3] "There were the various tribal and political units of Burma and Laos which were overland vassals handled from Yunnan in southwestern China. Their relationship resembled that of Annam (contemporary Vietnam), although Annam had in addition, special historical and cultural relations with the Son of Heaven. There were Brunei, Sulu and other kingdoms of the eastern archipelago. There were Malacca and Acheh astride the Straits of Malacca on the way to India. There were Champa, Cambodia and Siam, each beyond Annam and yet landward and proximate. And there were Java and south-central Sumatra, the seat of past empires now weak and divided". "China and Southeast Asia – 1402-1424", por Wang Gung-Wu. Publicado em "Community and Nations: Essays on Southeast Asia and the Chinese". Heinemann Educational Books (Asia) Ltde. And George Allen and Unwin Australia, 1981.

[4] A evolução histórica detalhada da China é encontrada em, entre outras obras, *An Outline History of China*, por Bai Shouyi, publicada por "China Knowledge Series", "Foreign Languages Press", Pequim, 1982.

A ausência de rivais levava os chineses a dedicarem desprezo aos povos situados em seu entorno. Mesmo em momentos de fraqueza da China, quando alguns desses chegaram a invadi-la, como no caso dos mongóis (século XII), os bárbaros acabavam sucumbindo perante a superioridade da cultura chinesa. Não havia, portanto, a noção de igualdade entre Estados.

O Perfil da Influência Cultural Chinesa

Até o século XIX, a China permaneceu como a força política dominante, bem como o radiante centro de civilização na região, em virtude de seu desenvolvimento cultural e sofisticado sistema de organização política. Por isso, os países do Sudeste Asiático eram mais ou menos atraídos à esfera de influência chinesa, em busca de fonte de inspiração e legitimidade política. O Império Chinês reciprocava, atribuindo à Nanyang vínculos especiais.

Tal coincidência de interesses gerou a formação de esquema de vassalagem em que praticamente todos os povos da região pagavam tributos à China, em troca de reconhecimento, de proteção militar e assistência, quando de situações de crise. Em diferentes ocasiões, a China chegou mesmo a intervir, tanto política quanto militarmente, fosse a convite de governos locais para restaurar a ordem, fosse por sua própria iniciativa para manter a estabilidade e a paz em suas fronteiras.

Cabe ressaltar que as relações da China com o Sudeste Asiático foram historicamente cordiais, marcadas pela busca constante do equilíbrio regional. Os chineses, sem nunca renunciarem a sua visão *sinocêntrica* do mundo, demonstravam determinação no sentido de pacificarem os *bárbaros* situados ao sul de suas fronteiras, ao mesmo tempo em que procuravam transmitir-lhes suas normas de comportamento confucionista.

A moldura política pretendida pelo Império do Centro, contudo, era de caráter eminentemente cultural, sem o estabelecimento de presença política direta no Sudeste Asiático, sempre que seus vizinhos não representassem ameaça ao equilíbrio da área.

Nessa perspectiva, a influência criada pela China era expressa pela sua incontestável superioridade em termos de organização política e social e produção de normas éticas de procedimento executadas exemplarmente pelos próprios chineses na convivência entre nações. Não se procurava o domínio econômico ou a conquista territorial dos Estados vizinhos, com o emprego da força. Como resultado, o Sudeste Asiático tinha a percepção constante da existência de uma potência regional a ser levada em conta, mas não permanentemente temida.⁵

A razão principal para que a China exercesse papel estabilizador na área, portanto, era devida à adoção pelos países vizinhos de sistema político-social semelhante ao monárquico chinês. Suas economias funcionavam, também, de forma similar e, através de intenso intercâmbio comercial, eram complementares.

Não existe um padrão de coerência e continuidade que permita traçar a evolução histórica da área da Bacia do Pacífico, até o século XX, de acordo com a metodologia normalmente utilizada para o estudo do progresso de civilizações ao redor do Mediterrâneo e do Atlântico.⁶

Isto é, enquanto a China simplesmente encarava os Estados ao sul de suas fronteiras como a periferia de seus domínios, naquelas outras partes do mundo desenvolvia-se intenso intercâmbio e trocas de influência, entre formações sociais cujo peso político variou através dos séculos, ora se equivalendo, ora uma superando a outra, mas sempre interagindo.

O interesse dos chineses pela *bacia* do oceano que banha seu país, no entanto, variou muito em intensidade no decorrer do tempo. Nunca houve, para a China, uma visão estratégica ou de conjunto com respeito à *Nanyang*.

O Contato com o Expansionismo Comercial Europeu

Devido a seu isolamento já milenar e, em parte, pelo conhecimento de relatos de viagens épicas, o Império Chinês se considerava o centro do mundo, inclusive pelo fato de que, até a consolidação do expansionismo comercial europeu na Ásia, não se havia defrontado com alguma civilização rival.

A ruptura efetiva causada pelos exploradores do Ocidente, a partir do século XVI, afetou a vida na China em diferentes níveis, sem que se possa analisá-los em toda amplitude, pelas limitações impostas a este trabalho.

---

⁵ Vide *A China e o Sudeste Asiático*, por Paulo Antônio Pereira Pinto, Editora da Universidade – UFRGS. 2000.

⁶ O fluxo migratório de chineses para o Sudeste Asiático é estudado em *A Map History of Modern China*, por Brian Catchpole, publicado por Heineman Educational Books Ltd, Londres, 1978.

Os principais pontos de interesse, de qualquer forma, dizem respeito às alterações produzidas nas relações da China com seus vizinhos, bem como pela criação de vínculos de dominação ditados pelas potências europeias conquistadoras com suas novas colônias.

O impacto sentido na Ásia-Pacífico evoluiu lentamente e com diferentes patamares de intensidade. A chegada inicial dos portugueses, no Sudeste Asiático, e seu gradativo avanço para o Sul da China, perto de Cantão, resultaram apenas na substituição da nacionalidade dos navegadores, que, a partir de então, viriam a operar o comércio regional, já existente. Isto é, os comerciantes asiáticos, na maioria malaios, que tradicionalmente operavam naquela área, foram sendo excluídos pelos europeus.

Mesmo com a aparição dos *conquistadores* espanhóis, e a transformação do Pacífico em *lago* seu, na medida em que foi sendo criado um intercâmbio com as Américas, até o século seguinte, pouco se alterou o ordenamento em que a China continuava a ser a potência asiática dominante, afetada apenas na periferia por um comércio florescente com outros continentes.

É a partir do século XVII que as rivalidades então existentes na Europa começam a ser transferidas para a Ásia, com a vinda dos holandeses. Em guerra contra a Espanha, a Holanda veio a introduzir conceitos jurídicos como o da *liberdade dos mares*, que era suposto garantir o livre acesso das potências comerciais da época a entrepostos asiáticos. Na prática, no entanto, tratou-se, também, de norma discriminatória contra os comerciantes nativos, com vistas a mantê-los subordinados a monopólios ditados pelos colonizadores.

Com a entrada dos britânicos na disputa por fatias do mercado da Ásia, durante o século XVII, aumentou sensivelmente a influência europeia, trazendo consigo novas formas de hegemonismo. Como se sabe, o período em que *Britannia rules the waves* pode ser iniciado apenas após o término da Guerra dos Sete Anos, que, até 1763, lhe drenava grande volume de recursos. Encerrado aquele conflito, criou-se a necessidade de a Grã-Bretanha vir a exportar seu excedente de mão de obra como colonos para diferentes partes do mundo. Com a posterior vitória sobre Napoleão, Londres veio a afirmar-se como a potência marítima dominante do século XIX.

Em 1824, foi assinado, com a Holanda, acordo que dividia os interesses imperiais das duas metrópoles europeias de maior irradiação na Ásia, resultando na concentração dos esforços holandeses na Indonésia. De sua parte, os britânicos, então empenhados na Primeira Revolução Industrial, passaram a demandar insumos coloniais. Para a produção de monoculturas agrícolas, promoveram o deslocamento de milhares de chineses e indianos à península malásia, criando desequilíbrio étnico até hoje sentido na região, além do estabelecimento de vínculos de dependência de uma economia, a partir de então, voltada para a exportação de matérias primas.

Diante das restrições chinesas à penetração de produtos *made in Britain* em seus mercados, Londres desencadeou a Guerra do Ópio (1839-42), com o consequente Tratado de Nanquim, que forçava a China a ceder Hong Kong à Grã-Bretanha e a abrir cinco portos aos estrangeiros.

A arrogância do auge da fase imperialista ocidental, na medida em que introduzia a conquista e a dominação na Ásia, não deixava dúvidas quanto ao fato de que noções, como a de que sistemas internacionais baseados na soberania e igualdade entre os Estados seriam, na melhor das hipóteses, apenas para aplicação no cenário europeu.

As Consequências Diretas nas Relações entre a China e o Sudeste Asiático

A partir do século XIX, a expansão colonial europeia e o declínio do Império Chinês começaram, portanto, a traçar moldura de relacionamento muito distinta da que existira, até então, entre a China e o Sudeste Asiático.

Por um lado, perderam importância os canais de comunicação em nível de governo, visto que, com a presença dos novos colonizadores, cessaram as relações de vassalagem e o sentido de proteção até então garantido pela China. Por outro, deu-se início a grande fluxo migratório de forma a que, nos cem anos seguintes, milhões de chineses transferiram-se para o Sudeste Asiático, em fuga dos constantes conflitos internos e das dificuldades econômicas de seu país.

Tais emigrantes passaram a constituir poderosos laços afetivos com a China, além de instituírem sólido intercâmbio comercial e remessa de recursos financeiros a familiares em seu país de origem.

Na medida em que se foi desenvolvendo o movimento de luta pró-republicano na China, os chineses de além-mar passaram a constituir valiosa fonte de apoio político e financeiro a ser cultivada pelos líderes revolucionários. A seguir, tais relações foram igualmente preservadas pelo Governo

Republicano, instalado em 1912, em seus esforços para promover a reconstrução interna e estabelecer contatos com o exterior.

Cabe mencionar, a propósito, que tendo sido o primeiro país asiático a adotar o regime republicano, a China passou a apoiar os esforços das nações do Sudeste Asiático no sentido de obterem independência das metrópoles europeias. Para tanto, os chineses efetuavam propaganda dos ideais nacionalistas e de luta anticolonial, ao mesmo tempo em que forneciam ajuda material aos incipientes movimentos de libertação.

A identidade de interesses perdurou, no início da década de 1940, quando a luta de resistência dos chineses contra o expansionismo japonês coincidiu com iguais esforços então desencadeados no Sudeste Asiático, também vítima da agressão nipônica. Os chineses de ultramar tiveram papel de destaque, tanto como participantes diretos quanto como fornecedores de recursos para a guerra contra o Japão, na China e ao sul de suas fronteiras.

Pouco se alterou, no entanto, a visão que os dirigentes chineses historicamente tiveram com respeito a seus vizinhos na área de Nanyang. Com o crescente estabelecimento de fortes comunidades de origem chinesa no Sudeste Asiático, Pequim passou a considerar ainda dispor de autoridade política para mobilizar, quando julgasse necessário, aquelas populações em favor de interesses da China. Esta continuava a acreditar-se centro de irradiação a influenciar, agora, aquela região no sentido da luta anti-imperialista, segundo palavras de ordem ditadas da capital chinesa.

Tal avaliação, contudo, deixou de ser correspondida pelas nações do Sudeste Asiático, que já não viam mais a China como modelo a ser imitado, desde o início da ocupação europeia, em meados do século XIX. A China falhara como protetora contra aqueles colonizadores, que haviam demonstrado ter maior poder militar e de organização. O exemplo a ser então copiado era o das potências coloniais ocidentais e o soviético.

A interrupção dos contatos governamentais destruiu, igualmente, os laços existentes entre Pequim e as autoridades institucionais naquela parte do mundo.

Ainda durante o período da Segunda Guerra Mundial, o Governo Nacionalista chinês, apesar da retórica de condenação ao imperialismo colonial europeu, aliara-se aos britânicos e franceses contra os japoneses. Com o término do conflito, os dirigentes de Pequim concordaram com a retomada das antigas colônias por aquelas metrópoles.

Chega-se, então, à fundação da República Popular da China, em 1949. Começa a mudar a moldura política de estabilidade formada pelo relacionamento daquele país com o Sudeste Asiático. Surge o problema real e concreto criado pela existência de insurgentes, de origem étnica chinesa e filiados a partidos comunistas ditos de inspiração maoísta. A RPC procura exportar sua revolução para os países asiáticos onde minorias sínicas se haviam instalado.

No início da década de 1960, a República Popular da China iniciava processo de radicalização interna, com expressivos reflexos em suas relações com o exterior.

Em contrapartida, a região do Sudeste Asiático começava a apresentar perfil próprio. Era a fase da conquista da independência de nações daquela área, sob o formato de Estados modernos. A Nanyang deixara de ser uma vasta mancha cinzenta, da época áurea do hegemonismo do Império Chinês. Evoluía, naquele momento, da situação em que se marcava no mapa político regional, com vermelho as colônias britânicas, com verde as francesas e amarelo a holandesa. Começava a entrar na era da Guerra Fria em que os países seriam definidos, no vermelho ou no azul, em função de seu alinhamento com os objetivos estratégicos globais de uma das duas superpotências.

Reações Externas ao Surgimento da Associação

Nesse contexto, foi fundada em 8 de agosto de 1967, através da Declaração de Bangkok, a Associação das Nações do Sudeste Asiático. Este foi o terceiro agrupamento a ser formado no Sudeste Asiático, após a Segunda Guerra Mundial, sem ter caráter de aliança militar. Teve como predecessora a Associação do Sudeste Asiático, constituída em 31 e julho de 1961, por Tailândia, Malaya e Filipinas, que não sobreviveu mais do que três anos, por causa de disputa entre Kuala Lumpur e Manila pela região de Sabah. Paralelamente, Malaya, Filipinas e Indonésia reuniram-se sob a denominação de MAPHELINDO, a partir de bases étnicas predominantemente malaias, em detrimento dos habitantes de origem chinesa e indiana. Devido ao componente racial, que preocupava as demais nações da área, pouco igualmente durou.

Quando de sua fundação, a ASEAN foi entendida como a expressão de países que pretendiam apresentar-se ao Ocidente industrializado como área dedicada aos propósitos de uma economia de mercado, em oposição ao que era entendido, então, como *expansionismo socialista* naquela parte do mundo. Além de não se situarem em região diretamente inserida na fronteira ideológica dos Estados Unidos da América – como acontecia com a Coreia do Sul, Taiwan e o então Vietnam do Sul – Indonésia, Malásia, Filipinas, Cingapura e Tailândia não desejavam, tampouco, aparecer como promotoras de bloco militar semelhante à SEATO.[7]

Tudo o que pretendiam, em nível de sua inserção nas relações internacionais, era salientar, perante o conturbado panorama político regional da época, sua vocação capitalista e reivindicar, portanto, o apoio da superpotência de igual sistema.

A reação inicial chinesa, com respeito à formação da ASEAN, foi de condenação, como aliança de "lacaios dos norte-americanos, formada a pretexto de cooperar economicamente, mas, na verdade, tratando-se de agrupamento militar dirigido especificamente contra a China".[8]

A explicação para tal atitude de Pequim é encontrada no fato de que, então no auge da guerra do Vietnam, os EUA utilizavam-se de bases aéreas na Tailândia e nas Filipinas, para atacar objetivos no território vietnamita.

O enfoque chinês começou a mudar, contudo, a partir do estabelecimento de nova linha política da ASEAN, decidida durante sua Reunião Extraordinária de Ministros dos Negócios Estrangeiros, na capital da Malásia, em novembro de 1971. A chamada *Declaração de Kuala Lumpur*, visava à

---

[7] A Southeast Asia Treaty Organization (SEATO) foi fundada, em 1954, logo após a retirada da França do Sudeste Asiático. Com o objetivo de conter "a expansão comunista naquela região e foi integrada por Estados Unidos, Austrália, França, Grã-Bretanha, Nova Zelândia, Paquistão, Filipinas e Tailândia". Com sede em Bangkok, a Organização teve como principal objetivo legitimar a presença militar dos EUA no Vietnam, apesar da oposição francesa e paquistanesa. Foi extinta em 1977.

[8] Sobre a reação chinesa quanto à criação da ASEAN, o ISIS da Malásia publicou diversos estudos, entre eles, na *ASEAN Series*, o intitulado *Southeast Asia as a Nuclear-Weapons-Free-Zone*, por J. Soedjati Djiwandono, em 1986, p. 5 a 7.

criação de uma Zona de Paz, Liberdade e Neutralidade no Sudeste Asiático (em sua sigla inglesa ZOPFAN).[9]

Paz e Neutralidade vinham ao encontro do interesse chinês, no sentido de constituir oposição ao aumento da presença, tanto dos EUA, quanto da URSS naquela parte do mundo. Assim, a RPC chegou a enviar mensagem congratulatória pela formação da ZOPFAN, com ênfase em sua determinação quanto ao estabelecimento de área de *neutralidade*.

Com o término da Guerra do Vietnam, em 1975, melhorou o diálogo entre a China e a Associação. Assim, dois anos após, Pequim chegou mesmo a expressar seu apoio à iniciativa que estabeleceu vínculos especiais entre a ASEAN e os EUA, Japão, CEE, Canadá, Austrália, Nova Zelândia e Coreia do Sul.

O Processo de Abertura da RPC e sua Influência no Sudeste Asiático

Existe consenso de que o processo de abertura da China para o exterior teve início em 1978, quando os dirigentes em Pequim reconheceram a falência do modelo econômico centralmente planificado que o país vinha adotando.

Com o término da Guerra Fria, na década de 1990, criaram-se condições para o ressurgimento de uma antiga moldura político-cultural, que historicamente regularam a convivência entre as nações do Sudeste Asiático com a China.

Sobre o assunto, defendi tese – transcrita no livro *A China e o Sudeste Asiático*, já citado acima – segundo a qual haveria, durante as quatro últimas décadas, esforço de Pequim no sentido de proporcionar nova coincidência entre a antiga interação política e econômica do Império do Centro com a Nanyang, com os mecanismos atuais de integração entre a RPC e os países do Sudeste Asiático.

---

[9] O texto da Declaração de Kuala Lumpur, em 1971, pode ser encontrado, entre outras publicações, no Anexo "E" de *Understanding ASEAN*, editado por Alison Broinnowski, publicado por The Macmillan Press Ltd. 1983.

Novos Paradigmas de integração entre a China e o Sudeste Asiático

Na perspectiva da tese mencionada no parágrafo acima, o novo milênio iniciou-se, na Ásia Oriental, com transformações paradigmáticas nas relações entre a China e o Sudeste Asiático. Nesse sentido, as dimensões de segurança, econômica e política foram profundamente afetadas por uma herança cultural comum, de origem chinesa.

Em parte, devido à determinação dos Estados Unidos de agir unilateralmente e pelo emprego da força militar, após os atentados de 11.09.2001, a Ásia Oriental passou a valorizar agenda de segurança própria, com ênfase em acordos intrarregionais, principalmente decorrente de entendimentos entre a China e a ASEAN. Assim, em 19 de agosto de 2003, em Wuyishan, província chinesa de Fujian, a RPC agregou sua assinatura ao Tratado de Amizade e Cooperação, que já incluía os dez países do Sudeste Asiático, integrantes daquela Associação.

Daí resultou uma série de propostas e formações de agrupamentos regionais, que seria impossível detalhar, sem tornar ainda mais longo este texto.

O importante é notar que durante os últimos anos, a China lançou as fundações para um novo relacionamento com as nações do Sudeste Asiático.[10] Vem sendo fortalecida, assim, a vertente da cooperação no âmbito da Ásia Oriental, na medida em que se concede menor ênfase aos vínculos entre as margens asiática e norte-americana do Oceano Pacífico.

A RPC tem participado ativamente de mecanismos institucionais inovadores na Ásia oriental, bem como patrocinado novas alianças na Ásia Central, como o ASEAN Regional Forum, o Shanghai Cooperation Organization[11] e o Boao Forum.[12]

Pequim tem reiterado o discurso de que toda esta evolução acontecerá pacificamente e em sintonia com a maior inserção do país na Ásia Oriental, que se beneficiará, como um todo, a exemplo do acontecido, no século XIV, quando o já citado Alm. Zheng He difundia a cultura chinesa junto às nações da Nanyang.

---

[10] Vide artigo de Kuik Cheng-Ghwee "Multilaralism in China's ASEAN Policy: Its Evolution, Characteristics, and Aspirations" em *Contemporary Southeast Asia*, 27, nr 1, 2005, pag. 102-

[11] A respeito da Organização para a Cooperação de Xangai, vide www.sectsco.org.

[12] A respeito do Boao Forum for Asia, vide www.boao.ce.cn/english.

CONCLUSÃO

Neste exercício de reflexão, mencionou-se que, no século XV, a China desempenhava papel dominante no Sudeste Asiático e servia como fonte de inspiração para a organização política de nações nessa região. Tal esquema foi desestruturado a partir da chegada dos europeus ao continente asiático, no século XIX, e rompido após a Revolução de 1949 e o início da Guerra Fria.

Com o começo do processo de modernização da RPC, na década de 1970, e o término do período de bipolaridade mundial, na de 1990, criaram-se novas condições para o ressurgimento, no âmbito das relações entre a China e o Sudeste Asiático, de processo de cooperação, que tivesse como base de sustentação um conjunto de valores culturais chineses compartilhados. Novas modalidades regionais de integração foram criadas, em oposição às estruturas de confrontação herdadas da Guerra Fria.

Recentemente, tem-se verificado que experiência histórica regional, em termos de estender ao máximo o fator estabilizador provocado pelos interesses comerciais entre os países do Sudeste Asiático mais os do Nordeste daquele continente, contribuiu para consolidar vínculos entre os mercados dos dez países membros da ASEAN e os da China, Japão e Coreia do Sul. A estes juntaram-se a Austrália e a Nova Zelândia, culminando na fundação da RCEP anunciada pelo Primeiro-Ministro vietnamita Nguyen Xuan Phuc, conforme mencionado no início do texto.

Esse protagonismo de um líder do Sudeste Asiático parece reforçar a noção de que a *ascensão pacífica chinesa* dependeria, também, da capacidade de a ASEAN continuar a ser um foro de agregação, para a acomodação de problemas entre seus integrantes e como patamar superior para a apresentação de posições regionais, permitindo a aproximação de interesses convergentes de mais de meio bilhão de habitantes daqueles países e de mais de 1,4 bilhão da China. Esse processo incluiria uma multiplicidade de interações de caráter político, militar, social e cultural.

Reitero que é digno de nota o fato de que, no que diz respeito ao anúncio da RCEP (Parceria Regional Econômica Abrangente) – citada acima – a Associação das Nações do Sudeste Asiático, desde sua fundação, serviu muito mais como foro de negociação política do que como promotora do comércio ou integração econômica. Isto é, as recentes iniciativas de Pequim, referentes a *cinturões e rotas*, incluíram países da antiga *Nanyang* como beneficiários, mas não protagonistas.

Nessa perspectiva, retorna-se ao discurso do Embaixador da China em Brasília – citado em publicação anterior – quando recorre à metáfora de João Cabral de Mello Neto, poeta e diplomata brasileiro, de que *um galo sozinho não tece uma manhã*. O representante da RPC fazia analogia ao discurso da atual inserção internacional de seu país. "Somente quando todos os países, grandes e pequenos, ricos e pobres, puderem respeitar uns aos outros, resolver suas disputas pelo diálogo e diminuir suas divergências com negociações, é que a Humanidade pode esperar um amanhã melhor", afirmou.

Assim, o objetivo ideal a ser atingido, naquela parte do mundo, desde as *grandes navegações* do Alm. Zheng He, seria o de que todas as nações, cada uma com sua forma de governança e organização de mercado própria, possam compartilhar de manhãs futuras de progresso, sem submissão a hegemonia política ou econômica de vizinho com poder econômico e militar superior.

A propósito – como citou o embaixador chinês – João Cabral traduziu, em sua poesia mencionada, a proposta de "comunidade com um futuro compartilhado". "Nesse cenário, todos os países e povos têm perspectivas estreitamente interligadas e interdependentes", concluiu.

Reflexão sobre o relacionamento entre China, ASEAN e o RCEP, poderá facilitar a identificação de novas oportunidades de parcerias, caso se adote visão estratégica que procure entender a dinâmica histórica da região e não se esgote em análise cartográfica da Ásia.

Isto é, cada macaco no seu galho, cada galo em seu poleiro e cada seda em sua rota, todos agregados pelo cinturão *made in China*.

CHINA: Controle sobre o passado ou o futuro?

Rio de Janeiro, em 10 de fevereiro de 2021.

Impressiona o artigo de Marcelo Ninio, em *O Globo*, no último dia de 2020, sob o título: "BLADE RUNNER VERSÃO COMUNISTA, Reflexões sobre os futuros da China na maior cidade do mundo", no qual descreve, com invejável criatividade e precisão, que "imagens hipercoloridas dançam em prédios e pontes na confluência dos rios Yangtze e Jialing, disputando o foco de uma multidão com celulares em punho. Passado milenar e futurismo, luxo e miséria, ousadia individual e autoritarismo, tudo se embaralha num piscar de olhos. Assim é Chongqing, a impressionante cidade-província de 31 milhões de habitantes no Sudoeste da China".

O texto, sobre celebrações no fim do ano – segundo o calendário Ocidental – naquela cidade chinesa, reflete tendência em notícias e análises diárias sobre a crescente presença da RPC no cenário econômico e político internacional. Estas são acompanhadas por referências à *modernidade* da República Popular ou por comparações com os Estados Unidos e o realce de que Washington e Pequim estariam vivendo nova Guerra Fria, como réplica do período de confrontação ideológica dos EUA com a antiga União Soviética.

Mas de que China queremos falar?

Sobre a civilização que baseava sua existência milenar em princípios confucionistas, em busca da harmonia entre indivíduos e povos; ou sobre um Estado disposto a conquistar, doravante, a supremacia econômico-tecnológica no plano externo e a adotar forma de governança capaz de exercer controle político sobre sua população por mecanismos cada vez mais autoritários. Isto é, a China que **controlava o passado**, como forma de legitimação dos diversos momentos de sua história, apelando para o conceito de *Mandato*

Celestial;[13] ou uma eventual RPC que, com "gestão hábil vai ultrapassar os EUA e se tornar a maior economia do mundo em 2028, cinco anos antes do prazo estimado", assim **controlando o futuro**.

Na primeira hipótese, disserto, a seguir, sobre projeto nacional chinês que não seja imposto por estruturas de poder geradas no Ocidente ou por agenda de preocupações externas, mas, sim, ditado por valores internos, compartilhados por povos no entorno e sob influência do *Império do Centro*.

A proposta básica do artigo é a de que essa ideia original estava presente na afirmação de Mao Zedong quando, em primeiro de outubro de 1949, anunciou que o *povo chinês levantou-se* – referindo-se, portanto, a um projeto de nação mais abrangente, do que a inserção da República Popular que se instalava na China em cenário internacional permeado por referenciais de valores estrangeiros à civilização chinesa.

Essas palavras foram seguidas por exortação para que se *sacudisse o mundo*, após os últimos cem anos de dominação estrangeira. Era uma manifestação de caráter cultural, voltada para o púbico interno, seguida da explicação de que, a partir de então a China se livraria de *séculos de humilhação*.

Acredito que o correto entendimento deste ponto de inflexão seja fundamental para a compreensão do momento atual da RPC – quando se busca, conforme pontos de observação no Ocidente,[14] imaginar cenários que

---

[13] O **Mandato do Céu** é um conceito filosófico chinês tradicional a respeito da legalidade dos líderes (inicialmente reis, posteriormente imperadores). Segundo esse conceito, o céu abençoaria a autoridade de um líder justo, mas ficaria desgostoso com um líder despótico e retiraria seu mandato. O mandato do céu, então, se transferiria para aqueles que governassem melhor.

O mandato do céu não tem nenhuma limitação de tempo, dependendo do desempenho justo do dirigente que, supostamente, o possua. O mandato não exige que um líder legítimo seja de nascimento nobre e, de fato, as dinastias foram fundadas frequentemente por pessoas de nascimento modesto (tais como a dinastia Han e a dinastia Ming). O conceito do mandato do céu foi usado primeiramente para justificar a autoridade dos reis da dinastia Zhou e mais tarde dos imperadores da China (Wikipédia).

[14] "Western societies, especially America, have been using the wrong mental tools to classify, shape, and understand the information they receive about Asia. It is difficult to look directly at the sun, so we turn away and look at the shadows it casts…The Western world believes that capitalism has won, that our model of, individual enterprise and rights has triumphed. But in East Asia a new and successful system has emerged that challenges the economic principles the West extols. The Asian system is powerful because it has become a broad regional system, reaching across borders and taking

criariam um novo ordenamento internacional, tendo Pequim como um de seus pontos centrais, a influenciar diferentes partes do mundo.

Isto é, a partir de então, a China buscaria seu caminho próprio para a solução de seus problemas, **com base em valores culturais tradicionais e livre de interferências estrangeiras.** Nesse processo, é possível verificar que se criaram novas condições para o ressurgimento, no âmbito das relações entre a China e o Sudeste Asiático, de relações históricas que tivesse como base de sustentação um conjunto de valores culturais chineses compartilhados. Novas modalidades regionais de paz e integração foram criadas, em oposição às estruturas de confrontação herdadas da Guerra Fria.

Ascensão pacífica e influência no entorno imediato

Nessa perspectiva, a partir do ressurgimento cultural da China, haveria, também, o fortalecimento da influência político-cultural que o antigo Império do Centro exerce sobre as nações situadas ao Sul de suas fronteiras. Historicamente, laços foram mantidos com o Sudeste Asiático, com base em relacionamento *pacífico*, que a RPC, agora, procuraria *reacender*.

Haveria, assim, influência contemporânea de um conjunto de normas estabelecidas por tradição e processo histórico chineses, que são fatores de agregação e progresso no Sudeste Asiático.

Entre estas, são citadas: a disciplina social; a aversão ao individualismo; o caráter prioritário da educação; a expectativa de liderança governamental; a perspectiva de longo prazo; a preocupação constante com a harmonia; a unidade familiar; e o sentido do dever.

Cumpre, nesse contexto, identificar as comunidades de pessoas de origem chinesa que, na área objeto de estudo, em função de sua herança cultural, têm contribuído para a expansão econômica da RPC, em direção ao sul de suas fronteiras.

Surge, assim, a força motora representada pelos chineses ultramarinos. Sabe-se, a propósito, que durante longo período de sua história, com base em preceitos confucionistas, houve pouca valorização do papel dos empresários na área de influência cultural chinesa. A busca do lucro seria distra-

---

on different traits in each place it is applied." "Looking at the sun: the rise of the New East Asian economic and political system.". James Fallows.

ção no processo de aperfeiçoamento individual, a ser exigido de pessoas superiores. "O homem superior entende o que é certo", dizia Confúcio, "o inferior percebe o que é lucrativo".

Nessa perspectiva, a função de comerciantes era delegada a povos situados na periferia do Império do Centro, mais especificamente de etnia malaia, conforme ensina Gerald Segal, em *Rethinking the Pacific*.[15] Com o início do deslocamento do excesso de população para o sul de suas fronteiras, vocações comerciais de chineses começaram a destacar-se.

Quem são os *chineses de ultramar* no Sudeste Asiático, hoje, é uma questão difícil de precisar. Não são nacionais da China ou de Taiwan, nem imigrantes. São pessoas nascidas na parte do mundo em questão, afetadas pela esfera de influência cultural chinesa. Além de papel determinante no processo de integração econômica entre o *Império do Centro* e nações ao sul de suas fronteiras, é possível afirmar, em linhas reconhecidamente simplificadas, que tiveram influência na busca da estabilidade interna perseguidas nas distintas formas de governança, em alguns países do Sudeste Asiático.

Esse é o principal objeto desse exercício de reflexão: o controle da China sobre o **passado** como forma de garantia da estabilidade do presente e do futuro.

Nessa perspectiva, é possível verificar que a estabilidade interna é preocupação constante das formas de governo ora existentes no Sudeste Asiático. Daí resulta um exercício permanente de composição efetuado de forma repetitiva e cíclica. Procura-se, primordialmente, valorizar as tradições de cada povo, suas práticas culturais e crenças, bem como tudo aquilo que diga respeito à sua identidade nacional. O equilíbrio é obtido através de conjunto de normas de comportamento desenvolvidas durante longos períodos monárquicos.

Na maioria dos países do Sudeste Asiático, a propósito, a estruturação do Estado encontra-se permeada por tais normas. Assim, em Cingapura, por exemplo, ao mesmo tempo em que se utilizam procedimentos que, segundo a concepção ocidental, podem ser considerados *democráticos* para a escolha dos governantes, direitos individuais são sacrificados em benefício daquilo que os eleitos consideram ser o interesse da comunidade como um todo. Nessa perspectiva, uma vez tomada uma decisão, depois de demoradas consultas à base da *pirâmide social*, a implementação do que foi decidi-

---

[15] Publicado por Clarendon Press Office. 1990.

do não admite mais noção de *loyal opposition*, no sentido de que seja deixado espaço para a manifestação de opositores.[16]

Malásia e Indonésia, apesar de sabidamente não pertencerem ao chamado *universo chinês* em virtude de sua composição étnica e herança cultural distinta, por terem sido expostas também à influência confucionista, não deixaram igualmente de apresentar moldura política adequada ao formato que a China procurou projetar sobre aquela parte do mundo. Seus sultões e monarcas devem, como seus homólogos nas áreas sob influência cultural chinesa, merecer lealdades feudais em contrapartida à concessão aos súditos de sistema de governo que lhes trazem bem-estar e prosperidade.[17]

Dessa forma, na Malásia, observa-se o exercício constante da busca de consenso praticado através das articulações desenvolvidas dentro de cada grupo étnico – malaios, chineses e indianos – e entre estes três grupos da população. Seu sistema parece falhar quando o governo de Kuala Lumpur não consegue persuadir parte da comunidade de que os dirigentes agem em benefício de seu interesse mais amplo. A força e a durabilidade do sistema político malásio, por outro lado, residem exatamente no fato de que, a longo prazo, o interesse de todos prevalece na composição circunstancial, em detrimento de benefícios imediatos.

Na Indonésia, pratica-se a mesma busca de consenso, para a tomada de decisões intermináveis, até chegar-se a acordo final, muitas vezes de forma imperceptível para o observador ocidental. Apesar da lentidão, obtém-se a vantagem de que, mesmo diante de um exaustivo processo de negociação, evitam-se momentos de ruptura, desde a proposta de questões em nível de assembleias tradicionais em vilarejos, até a elevação do problema ao governo central. A importância desse esforço de negociação permanente fica ressaltada quando se consideram os separatismos latentes.

Na Tailândia, a simples recapitulação dos golpes de Estado, manifestações populares violentas e as seguidas constituições adotadas recentemente dariam a impressão de que aquela seria uma formação social à beira do

---

[16] A respeito, vide "Human Rights in Singapore, Perceptions and Problems", por Melanie Chew, em *Asian Survey*, Nov 1994.

[17] A respeito da evolução política interna da Indonésia e da Malásia, sugere-se a leitura de *Politics in the ASEAN States*, editado por Diane K. Mauzy, Editora Maricans, Kuala Lumpur.

abismo. Nada menos verdadeiro, no entanto, visto o forte sentimento de identidade nacional da população, sua devoção à monarquia reinante, à homogeneidade religiosa e às mesmas práticas tradicionais de governança dos outros países da área. As sucessivas revoluções lá ocorridas, portanto, diriam respeito mais a rivalidades dentro de setores dominantes tailandeses do que à instabilidade do sistema político do país como um todo.

Dentre os países fundadores da Associação das Nações do Sudeste Asiático, apenas as Filipinas não apresentam as mesmas formas de governo e estrutura social que caracterizam os demais países do Sudeste Asiático. Por exemplo, apesar de seus vinte anos no poder, o ex-presidente Marcos não soube, como o fizeram outros dirigentes regionais, construir ampla base política que o sustentasse no poder, através do tradicional consenso asiático. Dessa forma, não conseguiu estabelecer uma *pirâmide de estrutura de poder*, com ampla base de sustentação que poderia lhe fornecer apoio popular. Limitou-se, apenas a buscar alianças, junto às oligarquias rurais, às forças armadas e aos setores empresariais, sem preocupações com parcerias mais amplas. A instabilidade da vida política filipina seria, ainda, herança das fragilidades estruturais recebidas daquele ditador.

Nota-se, também, que existe, no Sudeste Asiático, a confluência de culturas muito fortes: a chinesa, a indiana e a malaia. Os três grupos, contudo, convivem e desenvolvem-se como se fossem projetos nacionais paralelos, muitas vezes dentro de um único país. É o caso da Malásia e de Singapura. Assim, os festivais de cada grupo étnico são devidamente comemorados, existe uma variedade culinária incrível e há uma enorme mistura de religiões e crenças. (Servi na Embaixada em Kuala Lumpur de 1986 a 1988 e na de Singapura de 1988 a 1991, seguindo para Manila de 1991 a 1995, estive em missão transitória em Jacarta, durante quatro meses, no início de 1995.)

Ao contrário do ocorrido, por exemplo, na antiga Iugoslávia e na ex-União Soviética, o sistema de governança recente de influência chinesa, com base nas tradições confucionistas, não buscou a segregação ou mesmo a eliminação de uma ou outra etnia. Assistiu-se, assim, a uma organização regional, não ao redor de blocos ou polos alternativos, mas em redes concomitantes de cooperação, rivalidades e, por vezes, conflito.

O ressurgimento da influência desse conjunto de valores, naquela parte do mundo, tem ocorrido enquanto o continente asiático, como um todo, passa por processo de redefinição de sua identidade cultural. Trata-se da *asianização da Ásia*, levando-a a desvencilhar-se de todo o resquício da influência do colonialismo europeu, da bipolaridade ideológica pós-Segunda Guerra e de interpretações de que a China desejaria tornar-se potência mundial hegemônica, em confrontação com os EUA.

Conclusão

Em texto anterior, buscou-se lembrar que, a partir do século XV, emerge uma ordem em que a China desempenhava papel dominante, bem como servia como fonte de inspiração para a organização política dos Estados situados ao sul de suas fronteiras, que adotavam sistema político-social semelhante ao monárquico chinês. Suas economias funcionavam, também, de forma similar e, através de intenso intercâmbio comercial, eram complementares. Tal esquema foi desestruturado pelos europeus, ao dividirem entre si o continente asiático, no século XIX, e rompido definitivamente após a Revolução Chinesa de 1949 e o advento da Guerra Fria.

Com o início do processo de modernização da RPC, na década de 1970, e o término do período de bipolaridade mundial, na de 1990, criaram-se novas condições para **o ressurgimento** daquela antiga moldura político-cultural. Isto é, ressurgiram, no âmbito das relações entre a China e o Sudeste Asiático, condições para o desenvolvimento de processo de cooperação, que tenha como base de sustentação conjunto de valores culturais chineses compartilhados, em oposição à expansão econômica resultante da utilização da força.

Toda essa movimentação é facilitada, no Sudeste Asiático, pelo papel de força motora desempenhado por minorias étnicas de origem chinesa, conhecidos como *chineses de ultramar*. Seu papel de intermediários, em termos de agentes financeiros, comerciantes e empresários no caminho de uma expansão econômica da China em direção ao sul de suas fronteiras foi mencionado acima.

Retornando ao grande fascínio que o processo de modernização chinês desperta entre observadores ocidentais, verifica-se que exageros e parâmetros de comparação fantásticos chegam a ser criados para explicar as transformações em curso, que, na verdade, devem-se à formulação de objetivos nacionais claros e à coerência em sua implementação.

Em grande parte, os caminhos ora percorridos pela RPC já foram trilhados por vizinhos na Ásia-Pacífico. Não existiriam, portanto, fórmulas mágicas, mas, sim, projetos nacionais bem elaborados e colocados em prática durante período em que a conjuntura internacional foi extremamente favorável.

O deslocamento do principal eixo econômico para a Bacia do Pacífico, ademais, representa não apenas a superação da supremacia do modelo de organização do mercado desenvolvido ao redor do Atlântico Norte, mas também indica o surgimento de um novo perfil desse tipo de economia sob a influência da cultura asiática. Trata-se da crescente afirmação de práticas tradicionais chinesas, que estariam demonstrando ser fator de progresso e um conjunto de ideias capazes de melhor servir de base de sustentação para o dinamismo econômico, do que o liberalismo ocidental.

Mas a China tem expandido sua influência muito além do comércio e do investimento. Cada vez mais ela participa ativamente das instituições globais, e seu impacto potencial sobre os grandes vetores de crescimento do século XXI, a integração dos serviços à indústria e à economia digital, é imenso.

Na conclusão de seu artigo, em *O Globo* (31/12/2020), Marcelo Ninio explica, sabiamente, que: "O ano que começou com dúvidas sobre a capacidade do sistema chinês em lidar com a pandemia termina com o Partido Comunista fortalecido e menos disposto a dar ouvidos a lições importadas. O caminho que a China escolhe afeta cada vez mais o mundo, e cada país terá que ponderar com lucidez a estratégia mais adequada para lidar com a ascensão chinesa." "Mas o sucesso também deixa várias dúvidas. Se tem tanta confiança em seu sistema, por que o governo é tão sensível a críticas externas e intolerante a questionamentos domésticos, como demonstrou ao condenar esta semana a quatro anos de prisão a jornalista cidadã Zhang Zhan por sua cobertura da fase inicial da pandemia em Wuhan? Outra dúvida: até onde o país será capaz de avançar se continuar reprimindo a liberdade de expressão e estancando fontes de criatividade que poderiam ser vitais para o seu desenvolvimento?"

Estas são questões referentes à possibilidade de a RPC **controlar o futuro**.

O fato atual importante – e "se deve procurar a verdade através dos fatos", segundo velho ditado chinês – é que, na Praça da Paz Celestial, no centro de Pequim, continua a ser exibido quadro de Mao Zedong – sem que haja referência a seus sucessores, recentes ou atuais.

Como "uma imagem fala mais do que mil palavras", presume-se que o *grande timoneiro* permanece como símbolo da unificação chinesa. Seria, portanto, o **controle do passado** o propósito maior e prioridade do "Partido da Civilização Chinesa" – PCC.

CHINA: a influência ideológica no Século XX, e a proteção a chineses no Sudeste Asiático

Rio de Janeiro, em 19 de maio de 2021.

A República Popular da China, desde a década de 1950, tem realizado esforços no sentido de recuperar para o Estado chinês o prestígio internacional que o antigo Império Chinês havia conquistado. A preocupação maior, no entanto, foi a de reverter a situação de inferioridade de uma nação, que sempre se considerara a mais civilizada do mundo e que se encontrava, então, em situação de atraso em relação a outros povos.

Essa postura chinesa teve repercussões em seu relacionamento com o Sudeste Asiático, inclusive no que dissesse respeito à proteção a chineses que habitavam naquela região. Cabe recordar esses fatos, em benefício da melhor compreensão do atual panorama de integração entre a ASEAN e a RPC, conforme tem sido analisado em textos anteriores, igualmente extensos, publicados neste espaço – que mais uma vez agradeço.

A leitura das *Obras escolhidas de Mao Zedong*, que conduzia o país nesse período, registra forte dose de nacionalismo influenciando seu pensamento quanto ao caminho a ser seguido para a eliminação da influência estrangeira na China, bem como para o desencadeamento de uma revolução com características chinesas.

No trabalho intitulado *Sobre a Democracia Nova*, em janeiro de 1940,[18] Mao afirma que:

> A China precisa assimilar muito da cultura progressiva estrangeira como matéria-prima para alimentar sua própria cultura. Mas em caso algum devemos engolir qualquer desse material estrangeiro sem espírito crítico: o que se im-

---

[18] *Livrinho Vermelho de Mao*, Versão "Edições em português, em Pequim 1975, capítulo XV, "Uma cultura nacional científica e de massas".

põe é tratá-la como se tratam os alimentos – primeiro, deve-se mastigá-los e em seguida digeri-los. A China já sofreu grandes prejuízos com o resultado da assimilação incondicional de culturas estrangeiras. Da mesma forma, ao aplicarem os princípios marxistas à China, os comunistas chineses devem integrar, completa e adequadamente, a verdade universal do marxismo à prática concreta da revolução chinesa. Em outras palavras, devem combiná-los com as características da nação, ganhando aquele princípio uma forma nacional definida, a fim de que seja útil, e não uma mera fórmula.

Nessa perspectiva, Mao teria chegado à conclusão de que seu país seria incapaz de alcançar o nível de desenvolvimento dos países ocidentais, a menos que a China adquirisse seu próprio modelo de pensamento independente. Para tanto, era de grande ajuda ideologia que pregasse uma mistura de militância e radicalismo nacionalista como instrumento para enfrentar as terríveis condições que então caracterizavam o país. Esse seria o caminho para a reforma e a modernização da China.

Assim, em linhas reconhecidamente simplificadas, tendo em vista a complexidade histórica chinesa, lembra-se que, desde a década de 1950, a China tem procurado o caminho da prosperidade, sem descuidar da independência e da unidade nacional.

Apesar do sucesso dos primeiros planos quinquenais, contudo, nos vinte anos seguintes, enquanto o Japão tirou proveito de oportunidades para reestruturar sua economia e tornar-se um país industrializado, a República Popular encontrava-se imersa nos desperdícios do *Grande Salto Adiante*, com graves perdas de produção.

Pior, ainda, a partir dos anos 70, quando os quatro pequenos dragões asiáticos – Taiwan, Coreia do Sul, Hong Kong e Cingapura – passaram a beneficiar-se de vantagens competitivas que facilitaram sua inserção como polos dinâmicos do comércio internacional, mais uma vez a China submergiu em turbulências internas, desta vez na desastrosa Revolução Cultural. Uma reorientação histórica começou a ocorrer, no entanto, a partir de 1978.

A meta estabelecida de quadriplicar a produção industrial e agrícola do país, até o final do século passado – em relação aos números existentes em 1980 – foi atingida. O objetivo de igualar o nível de desenvolvimento das atuais potências europeias e norte-americanas, quando a Revolução de 1949 completar cem anos, torna-se cada vez mais viável.

Nesse processo, sempre tendo em conta a preservação da unidade territorial, formularam-se conceitos inovadores como o de *um país, dois sistemas*, destinado a facilitar a reintegração de Hong Kong como *área econômica especial* e de Taiwan, como *área administrativa especial*. Na mesma perspectiva, apresentou-se a ideia original de uma *economia socialista de mercado*.

Toda essa movimentação, no entanto, ocorre no âmbito de moldura mais ampla da Ásia-Pacífico, onde permanecem discordâncias e rivalidades históricas, passíveis de se tornarem pontos de conflito em potencial.

OS REFLEXOS NAS RELAÇÕES COM O SUDESTE ASIÁTICO

Para que se possa avaliar a influência desse contexto nas relações da China com o Sudeste Asiático não se pode ignorar o quadro mais amplo da formulação da política chinesa, interna e externa, logo após o estabelecimento da República Popular.

Nos primeiros anos, tratou-se, no plano interno, de promover a reconstrução do país, com rígida política de combate à corrupção e ao desperdício. Em suas relações com o resto do mundo, a China acirrou sua confrontação com os Estados Unidos da América, através da participação na Guerra da Coreia, iniciada em 1950.

Paralelamente, Pequim iniciou seu apoio a movimentos de insurgência em outras partes da Ásia. Com a introdução do primeiro plano quinquenal, em 1953, a política externa chinesa tornou-se mais flexível e menos permeável às exaltações conducentes à exportação da ideologia de seu governo. Naquele ano, a RPC participou das conversações para o estabelecimento de trégua no conflito coreano. Em 1954, compareceu à Conferência de Genebra sobre a Indochina. Seguiu-se, no mesmo ano, a declaração conjunta com a Índia sobre os Cinco Princípios da Coexistência Pacífica. Estes diziam respeito às normas que deveriam reger as relações sino-indianas, a saber: a) respeito mútuo ao território e soberania; b) não agressão; c) não interferência em assuntos internos; d) igualdade e benefício mútuo; e e) coexistência pacífica.

A autoconfiança resultante dos sucessos obtidos com o Primeiro Plano Quinquenal encorajou a dedicar maior importância à política externa, no sentido de projetar a imagem de uma nova potência emergente, em vias de reivindicar maior participação nos assuntos internacionais. Em 1958, contudo, o movimento radical do Grande Salto Adiante, no plano interno, refletiu-se, no exterior como novo endurecimento nas posições chinesas.

Nos dez primeiros anos após a fundação da República Popular da China, nessa perspectiva, uma sucessão de acontecimentos de longo alcance veio a alienar aquele país de seus tradicionais amigos no Sudeste Asiático.

Isso porque, no quadro de projeção de sua influência sobre o Sudeste Asiático, os chineses puderam, até então, manter moldura política estável. Subitamente, os países da região passaram a ser alvo de ataques de Pequim, por causa de sua associação com os objetivos estratégicos norte-americanos. Os meios de comunicação daquela área com a China foram bloqueados e cessou o fluxo migratório. Consolidou-se, de forma muito rápida, o processo de isolamento da RPC com relação aos vizinhos ao sul de suas fronteiras.

A ampla divulgação externa dos desenvolvimentos internos, bem como a aliança de Pequim com Moscou, passou a mudar a imagem cultivada no Sudeste Asiático de uma China voltada para si própria e pacífica. A nação chinesa passou não só a apresentar incongruências com os objetivos visados naquela parte do mundo, como também se tornou ameaçadora, através dos esforços de exportação de sua revolução. Em suma, a RPC passou a representar enorme fator de instabilidade para toda a região.

Paralelamente à grande inquietação criada pela nova postura internacional de Pequim, a constante agitação interna na China começou a provocar igualmente dúvidas quanto à influência a ser exercida pela população de origem chinesa na política interna de cada um daqueles países, tendo-se em conta os reconhecidos laços sentimentais dos chineses de ultramar em relação à pátria de seus antepassados ou mesmo de seu nascimento.

Na medida em que a China começava a projetar no plano externo suas radicalizações internas, o Sudeste Asiático desenvolvia, simultaneamente, seu perfil próprio, após longo período em que estivera dominado por potências estrangeiras.

A DIMENSÃO ÉTNICA DA POLÍTICA EXTERNA CHINESA

Existia naquele momento, contudo, uma dimensão étnica da postura contemporânea da RPC, no sentido de proteção das minorias chinesas residentes fora do país, bem como entravam em jogo interesses econômicos que vinham à tona, alternadamente, sempre que a paixão ideológica o permitisse.

Os *overseas Chinese* passaram a ser variável de peso na equação chinesa para compor suas prioridades nacionais no âmbito externo, com as preocupações de prover segurança às populações de seu grupo racial situadas em outras regiões da Ásia.

Calcula-se que, há quarenta anos, o número de pessoas etnicamente chinesas vivendo no Sudeste Asiático totalizaria cerca de 12 milhões.[19] Sua presença, contudo, não era distribuída de forma uniforme pelos diferentes países. Pelo contrário, os chineses de ultramar apresentaram sempre distintos níveis de participação histórica, política e econômica, em cada Estado daquela área. Proporcionalmente ao restante da população, por exemplo, a de origem chinesa representaria 76% em Singapura, 33% na Malásia e 13% na Tailândia.

Por diversas razões culturais, aquele agrupamento étnico tornou-se historicamente dominante em setores comerciais da região do mundo em questão. Como consequência, viram-se vítimas de discriminação racial e econômica de distintos matizes. De forma automática, voltaram-se para a China com o propósito de obter proteção – fosse de Pequim ou de Taipé.

Daí resultaram acusações locais de que as referidas minorias seriam sempre uma *quinta coluna* chinesa, bem como do Partido Comunista Chinês. Além do mais, os países anfitriões viam-se diante de conflitos internos, entre parte da comunidade simpática à RPC e os admiradores de Taiwan.[20]

Neste ponto, faço registro de experiências pessoais durante o período em que servi em Embaixadas no Sudeste Asiático, entre 1986 e 1995, sucessivamente, em Kuala Lumpur, Malásia, Singapura e Manila.

Assim, em Kuala Lumpur, era possível notar que, em frente às residências de cidadãos malásios da minoria chinesa – envolvida principalmente no comércio, com seus *Chinese Emporiuns* – havia sempre alguns automóveis de luxo. A explicação era a de que, temerosos de serem expulsos do país – por perseguição étnica – investiam, principalmente, em bens tan-

---

[19] *The Political Economy of China's Relations with Southeast Asia*, por John Wong, St. Martin's Press, publicado em Hong Kong em 1984.

[20] As rivalidades entre chineses partidários da RPC ou de Taiwan são encontradas entre diferentes comunidades dessa etnia, inclusive em São Paulo, onde atentados e mesmo assassinatos mútuos aconteceram na década de 1980. A respeito da participação econômica chinesa no Sudeste Asiático, Hoshihara Kunio apresenta importante estudo em seu livro *The Rise of Ersatz Capitalism in Southeast Asia*, publicado em Singapura, pela Oxford University Press, em 1988.

gíveis, possíveis de serem transportados em caso de emergência.[21] Não se dedicavam, portanto, a atividades industriais ou agrícolas. Cabe ressaltar, também, que, durante a década de 1980, devido à existência de *movimento independentista maoista*, ao Norte da Malásia, na fronteira com a Tailândia, pessoas etnicamente chinesas só eram autorizadas a viajar à China após completarem 50 anos. Buscava-se, assim, evitar que os mais jovens pudessem *se radicalizar maoistas*.

Singapura, como se sabe, exibe a originalidade de ter-se tornado independente, em resumo, quando foi expulsa da Federação Malásia, em 9 de agosto de 1965, por sua forte concentração de população chinesa. Em função da reduzida extensão territorial (550 km²), suas forças armadas faziam exercícios militares em Taiwan. O país, ademais, não mantinha relações diplomáticas com Pequim, por receio de ofender seus vizinhos malásios e indonésios, que desconfiavam que aquela pequena ilha, com maioria étnica chinesa, pudesse ser plataforma para a penetração ideológica da RPC no Sudeste Asiático. Tampouco mantinha Embaixada em Taipé, para não se indispor com Pequim.

Em Manila, era visível a ostentação no uso de joias, por parte da minoria chinesa, seguindo o raciocínio do mesmo grupo na Malásia, na medida em que era importante contar sempre com bens fáceis de transportar, no caso de alguma reação agressiva da maioria etnicamente malaia, sendo necessário fugir do país.

A existência de chineses chamados de ultramar, especialmente os do Sudeste Asiático, precede, portanto, a fundação da República Popular da China. A partir da década de 1950, contudo, foram estabelecidas formas pactuais entre o Partido Comunista Chinês e os partidos comunistas do entorno. As conquistas dos novos dirigentes de Pequim passaram a servir de inspiração para a constituição de movimentos de insurgência. Logo após outubro de 1949, os líderes chineses iniciaram a divulgação de que seu caminho revolucionário seria modelo a ser seguido pelo resto da Ásia e que a independência da Índia, por exemplo, não passara de uma farsa, continuando aquele país, na verdade, a viver em situação neocolonial.

Retornando à narrativa principal, verifica-se que ainda em 1950 a liderança chinesa começou a indicar que suas prioridades seriam os partidos comunistas da Indochina. Assim, foi iniciado o envio de auxílio material

---

[21] A mesma referência do item anterior: *The Rise of Ersatz Capitalism in Southeast Asia*.

ao *Vietminh*. A outros partidos comunistas no Sudeste Asiático, na Malásia e Tailândia, a RPC concedia apenas apoio moral, pois a Pequim não agradava a base étnica exclusivamente chinesa daqueles movimentos, os quais não incluíam representantes malaios ou tailandeses. De qualquer forma, isso não impedia que os dois grupos insurgentes em causa se autoproclamassem de inspiração maoísta.

A não ser na Indochina, partido comunista algum chegou ao poder no Sudeste Asiático sem que o sucesso ou fracasso tenha dependido da interferência chinesa.

Também não fora uniforme a importância concedida por Pequim aos interesses das minorias chinesas no Sudeste Asiático. Na verdade, a RPC demonstrara disposição para sacrificar, em determinadas situações, a defesa daqueles grupos étnicos em benefício de objetivos de política externa.

A respeito da importância política e econômica atribuída a seus *overseas*, registra-se que o próprio Dr. Sun Yat-sen, fundador da República, em 1912, era nascido no ultramar, e obtivera, de chineses residentes no exterior, parte dos recursos financeiros para sua revolução. Por isso, a política ainda adotada em Taiwan pelo Kuomintang – partido, em sua origem, dirigido por Sun Yat-sen – prevê o apoio às minorias no exterior. Na RPC, o Partido Comunista adota postura idêntica.

A intervenção chinesa na Indonésia, no Camboja e no Vietnã

Em três diferentes momentos da história contemporânea, contudo – na Indonésia, no Camboja e no Vietnã – interesses nacionais estratégicos da RPC conflitaram-se com os das minorias étnicas chinesas naqueles países.

Em 1959, Jacarta desencadeou repressão contra os chineses residentes na Indonésia, com a publicação de leis que proibiam sua participação no comércio rural e permanência na região de Java Ocidental. Tais medidas desapropriavam as comunidades chinesas de seus meios de subsistência e provocaram reação do governo de Pequim. Os dirigentes da China acusaram os indonésios de violar o Tratado de Dupla Nacionalidade, assinado em 1955, segundo o qual Jacarta comprometia-se a proteger os direitos dos *overseas Chinese*. Navios da RPC foram enviados para repatriar seus nacionais.

No plano externo, contudo, evoluía favoravelmente o enfoque de aproximação da União Soviética com o governo de Sukarno, com o endosso dos militares indonésios, defensores de forte sentimento de antagonismo contra a RPC. Com o receio de perder aliado de peso, diante da ameaça da formação de aliança entre Jacarta e Moscou, a China recuou de qualquer posição intervencionista, limitando-se ao envio dos referidos navios. Em resumo, a RPC colocava, neste caso, os interesses estratégicos regionais acima dos da proteção de comunidade chinesa no Sudeste Asiático.

O mesmo aconteceu quando o Khmer Vermelho chegou ao poder no Camboja, em abril de 1975. A partir de então, os seguidores de Pol Pot decidiram tornar aquele país em sociedade comunista primitiva, onde as populações urbanas seriam forçadas a mudar-se para a área rural. Tal medida afetou profundamente as minorias chinesas, que tiveram suas propriedades nas cidades confiscadas, sendo forçadas ainda a trabalhar no campo. A política de genocídio dos novos dirigentes também não poupou vasta parcela da comunidade chinesa.

Exilados cambojanos etnicamente chineses apelaram para que a China interviesse junto a Phnom Penh, a fim de garantir a segurança dos sobreviventes daquela minoria no Camboja. Pequim, no entanto, já se encontrava por demais envolvida no apoio ao Khmer Rouge, com vistas a garantir aliança contra seu tradicional inimigo vietnamita, e não pôde, ainda desta vez, dar prioridade à defesa de seus nacionais.

No Vietnã, contudo, a retaliação militar da RPC, em 1979, decorreu, em parte, dos maus-tratos contra as minorias chinesas. Assim, verifica-se que, no ano anterior, o governo de Hanói havia iniciado programa de reassentamento rural, com a transferência de setores da população urbana para o campo. Como resultado, iniciou-se êxodo de grande quantidade de chineses, prejudicados economicamente por tais medidas. Esse panorama foi agravado por notícias de iminente guerra entre a China e o Vietnã. Cerca de 160.000 *overseas* atravessaram a fronteira sino-vietnamita em 1978, e grande número de *boat people* também partiu.

Em represália, Pequim iniciou campanha de protesto contra a perseguição de Hanói às minorias chinesas. Os vietnamitas desmentiam as acusações e denunciavam a intervenção da RPC em seus assuntos domésticos como tentativa de desestabilização. Sem dúvida, a invasão do Camboja pelos vietnamitas foi a causa principal da represália militar chinesa.

Conclusão

A partir do século XV, prevaleceu ordenamento regional, em que a China desempenhou papel dominante, bem como servia como fonte de inspiração para a organização política dos Estados situados ao sul de suas fronteiras. Essa moldura, que já vinha sendo desestruturada a partir da chegada dos europeus ao continente asiático no século XIX, foi destruída com a Revolução de 1949 e enterrada durante o período da Guerra Fria.

Com o recuo das esferas de hegemonia ideológica, prevalecentes no período da bipolaridade mundial, fortaleceu-se a percepção de que estava em curso o ressurgimento de uma influência político-cultural chinesa como fator de estabilidade, ao sul da China, bem como a criação de um novo paradigma naquela parte do mundo.

Segundo essa linha de raciocínio, a estrutura política atual adotada pela China é um importante parâmetro de referência, na medida em que influencia um contorno ideológico favorável aos países do Sudeste Asiático, seja os que sempre se declararam capitalistas, como os fundadores da ASEAN, seja o Vietnã, que continuava a declarar-se socialista.

Assim, para os adeptos do sistema de economia de mercado sob instituições fortemente autoritárias, no Sudeste Asiático, há amplos traços a serem imitados e justificados no modelo político chinês. Os que desejam, como o Vietnam, sair da rigidez da centralização socialista sem, contudo, mudar o rótulo de seus regimes, também não têm problemas para citar sua fonte de inspiração.

Esses bem-sucedidos formatos de composição atuais entre formas de governança chinesa e dos países ao sul da RPC poderão servir de exemplo, para a convivência entre povos com diferentes projetos nacionais na Ásia. Entre as indagações que persistem, contudo, encontra-se a referente a como a China poderá manter seu longo passado histórico conectado com o novo ordenamento internacional a emergir na fase pós-pandemia. Ademais, como reagirão os países do Sudeste Asiático no futuro? Buscarão uma *autonomia estratégica* ou se contentarão em ser uma *periferia subserviente da China*.

"Ser chinês é uma identidade cultural compartilhada por indivíduos que têm em comum o fato de descenderem de ancestrais que acreditavam nos mesmos mitos. Isto é, os ancestrais tinham entre si um relacionamento baseado na circunstância de acreditarem em certa mitologia – tal não ocorreria necessariamente entre os chineses de hoje" (Observação que ouvi de autor anônimo por ocasião de um seminário acadêmico em Singapura, em setembro de 1994).

RÚSSIA E CHINA:
Encantos do projeto euroasiático e da proposta de comunidade de nações

Rio de Janeiro, em 8 de março de 2022.

*E*ncanto é a nova animação da Disney, sobre uma extraordinária família Madrigal, situada em região montanhosa na Colômbia. Essas pessoas seriam dotadas de poderes mágicos, que incluiriam a cura de doenças. Não me ficou claro se seriam capazes de promover a paz. De qualquer forma, a referida película, com referências a *soluções mágicas* pode servir de inspiração, no início deste exercício de reflexão sobre propostas russas e chinesas, quando, até recentemente, se pensava que haveria período de convivência pacífica na Eurásia.

No momento em que se vive intensa preocupação mundial com a situação ucraniana, pode ser instrutivo refletir sobre *encantos* enunciados, em Moscou e Pequim, a respeito de esforços compartilhados entre nações em favor do progresso da humanidade.

Quando, recentemente, foi assinado na capital chinesa o Comunicado Conjunto da Federação Russa e da República Popular da China sobre as Relações Internacionais em direção a Nova Era e da Sustentabilidade Global do Desenvolvimento, em 4 de fevereiro de 2022, houve esperança de que pelo menos uma parte do mundo pudesse viver período de *encanto*.

Foi, então, acordado que "ambas as partes estão procurando avançar em seu trabalho de vincular os planos para o desenvolvimento da União Econômica Eurasiana, patrocinada por Moscou, e a Iniciativa do Cinturão e Rota das Sedas, de Pequim, com vistas a intensificar a cooperação prática entre os projetos russos e chineses, de forma a promover maior integração entre a Ásia-Pacífico e a Eurásia".

O PROJETO EUROASIÁTICO DE PUTIN

Nesse sentido, cabe lembrar que a visão de futuro apresentada pelos russos, até recentemente, *sugeria* novos vínculos para um espaço pós-soviético, seguindo caminho no sentido de uma *União das Repúblicas do Exterior Próximo*.

A iniciativa de Putin baseia-se em documento publicado em 2008, "Um novo projeto de integração para a Eurásia: o futuro que nasce hoje". Sugeria, em suma, o *encanto* de algo mais parecido com roteiro de um bem-organizado retorno a passado saudoso, do que movimento em direção a novo objetivo.

Isso porque, durante a existência da URSS, Moscou dirigia todos os detalhes da organização político-socioeconômica das Repúblicas Soviéticas. A réplica desse mesmo projeto permeava a descrição da proposta do Presidente da Federação Russa.

Assim, Vladimir Putin retomava, com o conceito da União Eurasiática, a defesa da fusão de mecanismos de integração existentes, com vistas à criação de um polo de poder no mundo contemporâneo e ponto entre a Europa e a região da Ásia e Pacífico.

O líder russo revelava que a meta era chegar a *patamar superior de integração*. Na prática, isso significaria a reconstrução de relações com os países do exterior próximo que integravam tanto o Império Russo, quanto a União Soviética.

Lembra-se, contudo, que, durante a existência da URSS, enquanto novas *Repúblicas*, traçadas a partir de Moscou, foram se consolidando, classes dirigentes fortaleceram-se com métodos de governança soviéticos, tais como julgamentos e execuções sumários, e *desaparecimentos*.

Na medida em que estas *modalidades de controle social* iam se incorporando aos hábitos locais, vínculos de cumplicidades congelavam elites que se mantinham no poder, às custas do emprego da violência contra seus próprios nacionais.

Suas causas resultaram da forma desordenada como ocorreu o processo de desintegração da União Soviética. Na medida em que o mecanismo ideológico que a sustentava desapareceu, sobreviveram rivalidades criadas e consolidadas pelo modelo de governança stalinista.

Este privilegiava lideranças das chamadas *repúblicas soviéticas* que, após o desaparecimento da URSS, insistem em defender prerrogativas próprias que lhes foram outorgadas pelo *velho regime*.

Tais privilégios diziam respeito, principalmente, ao conceito de *autodeterminação*, que veio a provocar o surgimento de *repúblicas soviéticas* – etapa intermediária para a consolidação do socialismo – com capacidade de decisões próprias, com o emprego, até mesmo, de forças armadas a sua disposição.

O objetivo final, após aquele período, seria a inserção de todos estes minigovernos na moldura de governança maior da então poderosa União Soviética. A etapa posterior ocorreria com a universalização do poder do proletariado. A dialética marxista garantiria que, com o *desaparecimento da luta de classes*, as referidas repúblicas se dissolveriam, em favor do interesse maior compartilhado por todos, ansiosos por serem conduzidos ao comunismo.

Nessa perspectiva, a origem dos problemas que ainda permanecem nas antigas Repúblicas Soviéticas encontra-se na complexa interpretação stalinista sobre o significado de *nação*.

Em termos reconhecidamente simplificados, é possível entender que, para aquele líder soviético – natural, como se sabe, da Geórgia caucasiana – caberia distinguir nação de raças, tribos, grupos linguísticos ou pessoas que simplesmente habitassem o mesmo território.

A nação, segundo ele, seria uma comunidade que teria "evoluído historicamente e se tornado estável". Tal conceito poderia ser definido em termos de uma cultura comum, a incluir "idioma, território, vida econômica e características psicológicas semelhantes".

Coerente com o raciocínio do *materialismo histórico*, Stalin identificaria, como contradição principal, o surgimento do nacionalismo, principalmente, como resposta à opressão por algum outro grupo social. Isto é, a consciência nacional – da mesma forma que a de classe – surgiria em função da circunstância de que uma comunidade nacional se encontrasse subordinada a outra.

A diferença entre o conceito stalinista de nação e o pensamento *burguês* sobre o tema seria que, para este "o nacionalismo seria o caminho para a guerra e o imperialismo". Para os seguidores do líder soviético, no entanto, apenas um sistema político que permitisse a nações exprimirem seu desejo de autodeterminação evitaria conflitos e eliminaria a burguesia do poder. Tal autodeterminação, contudo, deveria ser claramente percebida como sendo "em benefício dos interesses do proletariado".

Dessa forma, por exemplo, não seria permitido a líderes religiosos reivindicarem autodeterminação de uma área apenas para satisfazer anseios de muçulmanos ou cristãos. "Os interesses dos trabalhadores, como um todo, deveriam ser levados em conta, para obter o benefício em questão."

Na medida em que novas classes dirigentes foram se consolidando nessas *Repúblicas*, métodos de governança soviéticos vieram a ser adotados, tais como julgamentos e execuções sumários, e *desaparecimentos*.

Enquanto essas *modalidades de controle social* iam se incorporando aos hábitos locais, vínculos de cumplicidades fortaleciam as elites que se mantinham no poder, às custas do emprego da violência contra seus próprios nacionais.

Seria a conveniência da promessa de estabilidade – cabe ressaltar – oferecida pela proposta de Putin que agradaria autoridades dessas ex-Repúblicas Soviéticas. Afinal, acena-se com um *patamar superior de integração* com a reconstrução das relações com os países do *exterior próximo*, que integravam o Império Russo e a URSS.

O *encanto* desse projeto vem sendo diluído, há menos de um mês, pelas *intervenções* russas na Ucrânia. Mas, cabe não esquecer quais eram os objetivos construtivos originais de Moscou no sentido de projetar imagem positiva da Rússia.

A COMUNIDADE DE NAÇÕES COM DESTINO COMUM

No que diz respeito ao *encanto* chinês, exposto por ocasião de discursos recentes, o Presidente Xi Jinping tem afirmado o compromisso da China com a construção de paz duradoura.

O conceito da *comunidade de destino da humanidade*, que Xi já havia proposto, articularia a experiência chinesa de convívio pacífico e solução negociada dos conflitos com sua própria concepção de cooperação econômica.

Em seus pronunciamentos, Xi ressalta que "a China, nação com mais de cinco mil anos de história, enfrentou conflitos diversos ao longo dos tempos. A pacificação do Império só foi possível pelo estabelecimento de acordos entre a China e os povos que conviviam no mesmo território. Como resultado, hoje convivem, na China, mais de 50 etnias, 24 idiomas e cinco sistemas de escrita. Há ainda templos budistas, igrejas cristãs e mesquitas por todo o território."

Ainda, segundo o dirigente da RPC, "essa experiência aplicou-se também no nosso tempo, especialmente na questão dos territórios de Hong Kong e Taiwan, onde funcionam sistemas diferentes do restante do país, mas mantém-se a unidade nacional por meio de negociações".

"A fórmula *um país, dois sistemas* vem permitindo o convívio pacífico apesar das diferenças e de alguns retrocessos, como a atual hostilidade da presidente de Taiwan, eleita pelo Partido Progressista. É certo que a parte continental da China teria meios suficientes para submeter as ilhas pela força. Mas essa via não é do interesse do Estado chinês, que mantém o entendimento de que a ação militar é sempre a pior solução."

A economia tem papel destacado no conceito de comunidade de destino da humanidade: ao contrário dos países imperialistas (uma vez que a China sofreu, no século 19 e primeiras décadas do século 20, com a ação imperialista de europeus, japoneses e estadunidenses, que invadiram e dividiram seu território para explorar seu povo), que impõem seus termos para o comércio entre as nações, o gigante asiático propõe a cooperação econômica de tipo ganha-ganha com os países em desenvolvimento.

No momento, a China aparenta estar expandindo seus interesses por acesso a recursos naturais e a novos mercados, ao Pacífico Ocidental, ao redor da periferia dos países do Sudeste Asiático, e ao sul da Ásia, bem como em direção à Ásia Central e crescentemente sobre o continente eurasiano.

Com respeito ao relacionamento da RPC com o Sudeste Asiático, Pequim formula discurso com o realce de laços históricos que têm sido capazes de garantir a inserção internacional chinesa atual em universo de influência cultural do antigo *Império do Centro*. Procura, então, dar versão benigna às viagens do Almirante Zheng He, ocorridas há 600 anos, aos mares austrais do continente asiático.

Quanto à Ásia Central e Eurásia, registram-se formulações em relação ao ressurgimento de uma Nova Rota das Sedas. Assim, a China está empenhada na frenética construção de ferrovias, estradas e dutos para a importação de recursos energéticos através da Eurásia. Tais vias de transporte substituirão as caravanas de camelos da antiga Rota das Sedas. Da mesma forma, a moderna Marinha da RPC substitui a frota de Zheng He nas costas da África e do Mediterrâneo.

O objetivo é estabelecer um fluxo de livre comércio e futura integração internacional de mercados. Com essa iniciativa, a China almeja novas oportunidades de comércio, estabelecendo *network* de integração e cooperação (*conectividade* para empregar o termo preferido de seu governo atual) com vários países que se dispuserem a participar.

Assim, se materializaria a *iniciativa de um cinturão e uma rota*, lançada por Pequim em 2013, ambicionando a modernização da massa terrestre eurasiana, onde vive (incluindo chineses e indianos) cerca de sessenta por cento da população mundial. Ademais, tendo em vista a fragilidade do sistema de poder internacional vigente, o projeto de *Belt and Road* poderia indicar um novo ordenamento nas relações entre os países a serem incluídos.

Os dirigentes chineses pretendem, de qualquer forma, resgatar as referidas expedições marítimas históricas como registro de suas *intenções pacíficas* e exemplo da permanente busca de *harmonia* – em oposição a *hegemonia* – nas relações da China com seus vizinhos ao sul de suas fronteiras. O Partido Comunista Chinês (PCC), portanto, se esforça, tanto no plano interno, quanto no das relações com o exterior, no sentido do convencimento de que, em todos os momentos de emergência do país – há 600 anos, como agora – a China pode ser forte, sem representar ameaça regional ou mundial.

Verifica-se, ainda, certa inquietação quanto à outra proposta chinesa. A de criação de uma nova Rota das Sedas, como um projeto estratégico que visa a transformar a Ásia Central de sua condição atual de *land locked* (sem acesso ao mar) em *land-linked* (com ligação terrestre), proporcionando, assim, acesso a mercados e portos no Oceano Índico, Golfo Pérsico e Oceano Atlântico.

Resta torcer para que a Disney não se inclua entre os que aplicam sanções à Rússia, para que seu filme lá seja exibido. Ademais, cabe esperar que película seja exibida, sem censura, na China. O *encanto* das premissas originais de cada proposta construtiva mencionada acima dependeria, assim, da conclusão dos objetivos imperiais de Moscou e da perseverança do desejo de estabilidade de Pequim.

BRASIL: política externa; a prosperidade em parceria estratégica e em zonas de paz e segurança

Rio de Janeiro, em 13 de junho de 2022.

Enunciados, como o da *parceria estratégica* e os de *zonas de paz e cooperação* tornam-se repetitivos e indefinidos, a ponto de se colocar, com frequência, a questão de que "o resto do mundo sabe o que deseja do Brasil, mas o Brasil não sabe o que deseja do exterior". Esse critério se aplicaria, principalmente, às relações com a China e a África.

Proponho, nessa perspectiva, no que diz respeito à China, reflexão sobre uma *parceria para a prosperidade*, com o Brasil, de forma a criar vantagens mútuas (*win-win situations*), principalmente em projetos conjuntos a serem desenvolvidos na África e na América Latina.

Nesses países, tem acontecido que, uma vez incluídos nos projetos de *cinturão e rota das sedas*, ouvem-se críticas frequentes a formas autoritárias e métodos de produção restritivos a nacionais chineses, com a exclusão de habitantes de países onde empresas da RPC se instalam. Há críticas, ademais, à concentração de lucros para os investidores orientais, enquanto os receptores adquirem dívidas excessivas.

Nessa perspectiva, poderia haver esforço para alinhar a "eficiência e necessidades chinesas de acesso a insumos para seu continuado crescimento econômico", com a nossa capacidade de "promover o diálogo entre diferentes culturas",[22] bem como procurar soluções comuns para problemas compartilhados, enquanto se busca a geração de benefícios mútuos.

---

[22] Vide *Manifesto Antropófago*, de Oswald de Andrade, em 1928, que nos indica o caminho brasileiro de aceitar o que nos é estranho sem deixar de transformá-lo em algo mais próximo de nossa personalidade nacional.

No que diz respeito à África, além de manter a paz e intensificar a cooperação – conceitos que podem ser vistos como *horizontais* – caberia introduzir também o vetor da *prosperidade através do Atlântico*, que daria uma ideia melhor de avanço *vertical* em direção a cenário de patamar superior.

Nesse sentido, inicialmente, no que diz respeito às relações com a China, caberia definição clara de nossos objetivos de inserção internacional, que não poderiam se resumir a *reagir* a propostas chinesas de *cinturão e rota das sedas*. Haveria, então, a criação de uma *estratégia da parceria*? Cabe pensar em uma *trilha* brasileira.

A propósito, no final de 2020, fomos surpreendidos com a referência do ex-Embaixador da RPC em Brasília, Sr. Yang Wanming, a uma linha de João Cabral de Melo Neto, na poesia "Tecendo uma manhã", no sentido de esclarecer a política externa de seu país.

O referido diplomata chinês declarou, então, ao recorrer à metáfora do poeta brasileiro que o verso "um galo sozinho não tece um amanhã" pode sugerir protagonismo brasileiro, na busca de um *novo ordenamento mundial*.

Nesse sentido, fez analogia com a atual inserção internacional de seu país. "Somente quando todos os países, grandes e pequenos, ricos e pobres, puderem respeitar uns aos outros, resolver suas disputas pelo diálogo e diminuir suas divergências com negociações, é que a Humanidade pode esperar um amanhã melhor", afirmou, para surpresa de todos nós que estamos acostumados a citar *velhos ditados chineses*, para explicar situações diversas. Ouve-se, então, um representante da China recorrer a uma citação brasileira para explicar opção estratégica da RPC.

Nessa perspectiva, não se pode simplificar o futuro das relações entre o Brasil e a China ao fato de que nós somos grandes produtores de alimentos, enquanto a RPC é uma enorme consumidora, pelo óbvio fato de contar com cerca de um bilhão e meio de habitantes.

Em termos simplificados, com vistas a situar a ascensão em curso da China, cabe lembrar que a maior parte daquele país é desprovida de litoral, o que leva o país a voltar-se muito mais para a terra do que ao oceano. "A contribuição de Zheng He,[23] portanto, significou tanto a propagação

---

[23] *Jornal do Povo*, em Pequim, em 12.07.05. Artigo: "Why do we commemorate Zheng He?"

da *civilização terrestre* chinesa (pelo Sudeste Asiático), quanto a divulgação interna, na China, da experiência de contato com *civilizações marítimas*. O século XXI será direcionado para os oceanos. O pensamento voltado para os oceanos significa abertura e civilização, avanço e progresso. Cabe resgatar, portanto, o espírito de Zheng He e marchar em direção à abertura proporcionada pelo desenvolvimento pacífico de ampla civilização marítima."

A citação faz parte do discurso atual de Pequim de recorrer à História para demonstrar a importância dos oceanos à interação entre a *civilização terrestre chinesa* e as civilizações ultramarinas, enquanto busca dar versão benigna às viagens do Almirante Zheng He, ocorridas há 600 anos, ao Sudeste Asiático. (Capítulo posterior tratará do assunto com maiores detalhes.)

No momento, a China está expandindo seus interesses em busca de acesso a recursos naturais e novos mercados na África e na América Latina, onde, conforme mencionado acima, tem encontrado incentivos e resistências.

Daí, na perspectiva sugerida, a *soft power* brasileira, no sentido da facilidade de *negociação cultural* e a identificação de interesses compartilhados, com vistas à prosperidade de todas as partes, poderiam, gradativamente, vir a configurar a *estratégia da parceria* que se pretende estabelecer entre o Brasil e a China.

O objetivo é estabelecer um fluxo de livre comércio e intercâmbio de ideias, de forma a futura integração de mercados e a convivência entre diferentes formas de governança. Assim, a parceria sino-brasileira almejaria novos *networks* de integração de cooperação (*conectividade*, para empregar o termo preferido por Pequim) entre os países a serem *conectados pelo cinturão e rota chineses* e por eventual *trilha* brasileira.

A PROSPERIDADE ATRAVÉS DO ATLÂNTICO

Uma política externa brasileira para o Atlântico Sul é prioritária. Para além da grande quantidade e densidade de iniciativas multilaterais e bilaterais promovidas, ao longo de décadas, no sentido de consolidar no Atlântico Sul uma região de paz, de cooperação e de desenvolvimento sustentável, é preciso considerar ainda a importância do Atlântico Sul para a formação de nossa própria identidade nacional.

Percurso por onde passa cerca de 95% de nosso comércio exterior, fonte de grandes riquezas minerais e biológicas, as potencialidades do Atlântico Sul ainda não são plenamente aproveitadas pela sociedade brasileira.

À política externa compete garantir as condições para que o Brasil possa fazer do espaço sul-atlântico cada vez mais um vetor de desenvolvimento e integração. Nesse sentido, como maior país da região, tanto em termos populacionais e geográficos quanto econômicos, compete ao Brasil assumir crescentes responsabilidades na gestão desse espaço e na concertação entre os países africanos e sul-americanos, de modo a conciliar interesses nacionais distintos e manter a região longe de tensões geopolíticas.

Breve perspectiva histórica lembra que o Atlântico Sul não é um *novo eixo* para a política externa brasileira, mas, antes, um fator fundamental para a definição da identidade nacional, um vetor de integração da economia brasileira à economia internacional, e a primeira forma de integração do próprio território do Brasil.

Caberia, no entanto, introduzir conceito dinâmico, como o da *prosperidade compartilhada* para consolidar no Atlântico Sul uma região de paz, estabilidade, democracia e desenvolvimento. O Atlântico Sul apresenta-se como uma imensa fonte de oportunidades, não apenas para o Brasil, mas para todos os países que o margeiam.

Nossa capacidade de transformar essas oportunidades em benefícios concretos para o povo brasileiro depende da coordenação cada vez mais estreita com os demais países da região. O apoio ao desenvolvimento dos países do Atlântico Sul, o aumento do fluxo de comércio intrarregional e o aprofundamento da cooperação técnica e científica devem ser objetivos de nossa política externa para essa região tão importante.

No que diz respeito à proposta de um enunciado de *prosperidade através do Atlântico*, cabe recorrer ao legado deixado pelo saudoso Professor Severino Cabral – falecido no ano passado – com a sugestão de que se reflita sobre cenário futuro que valorize um Brasil *trioceânico*, "levando em conta nossa influência em ambas as margens do Atlântico, no Pacífico e no Índico".

O Prof. Cabral propunha, então, que se revivesse "o imaginário da consolidação de parceria entre a *América Lusa e a África Lusa*, como fator que contribuiria para a identificação de novas formas de cooperação que viessem a identificar soluções comuns para problemas compartilhados".

Verifica-se, a propósito, que a emergência da Nova África está presente tanto na história, na geografia e na política da região africana contemporânea, como também se insere na evolução do processo de integração da região sul-americana, que se forma do nosso lado do Atlântico Sul, no espaço subcontinental meridional da América. Entretanto, ambas as regiões ainda sofrem a influência do seu passado na visualização dos seus itinerários e de suas trajetórias estratégicas no século XXI.

Nesse sentido, as grandes disputas pelas rotas oceânicas que levaram a guerras do século XVII, iniciadas com o ataque holandês ao Nordeste da América Lusa, a resistência e a vitória atlântica portuguesa, seguida de sua derrota no Índico, foram concluídas com a ascensão da potência marítima anglo-saxônica à condição de *senhora dos sete mares*.

Esses acontecimentos vieram a determinar o fim da União Ibérica e o inevitável declínio de Portugal e Espanha. Desse modo, as potências contestadoras – Holanda, Inglaterra e França – conseguiram total êxito no "esgaçar e fazer desaparecer o marco de Tordesilhas".

Sempre de acordo com o Mestre Severino, "após a derrocada das colônias ibéricas do Novo Mundo e, sobretudo, a ruptura dos laços do Império brasileiro com o lado africano do mar português, no século XIX, uma época da mundialização se dava por encerrada".

A seu ver, a partilha da África e a invasão do Império Chinês pelas potências europeias inauguram uma nova era. Dadas as novas condições do ecúmeno mundial dominado pela hegemonia britânica associada à França (*Pax Britanica*), que se via ameaçada com a ascensão de potências industriais como a Alemanha, a Rússia, os Estados Unidos e o Japão, "uma nova etapa da ordem mundial se abre e anuncia onda de disputas em todos os horizontes".

Essa se intensifica e se adensa com a cristalização da hegemonia norte-americana sobre o megamercado mundial, que foi gerado no pós-guerra pela generalização do sistema industrial e urbano. O fim da bipolaridade pôs em crise os fundamentos desse sistema ao apontar para uma nova etapa, com a emergência de novos polos de poder no mundo.

"Na conjuntura internacional vivida nesta segunda década do século XXI vislumbra-se a possibilidade real de retomada do projeto do novo Brasil sob novas bases estruturais. Elas se apresentam constituídas pelo crescente processo de integração do espaço meridional americano em torno do MERCOSUL, da Comunidade Andina e do Arco Amazônico. Trata-se de um movimento que de certo modo inaugura um espaço já contido no antigo mapa da União Ibérica, responsável pela unificação das Américas lusa e hispânica. Neste novo período, esse movimento revela o aparecimento de um novo polo de poder mundial com base na criação do megaestado sul-americano. Um espaço bioceânico que unirá o Oceano Pacífico ao Atlântico e a Bacia do Amazonas à Bacia do Rio de Prata"; ensinou o Professor Cabral.

Nesse contexto, seria de grande importância um *Corredor Bioceânico*, que ligasse Porto Murtinho (MS) com o Paraguai e depois chegasse aos portos do Chile. O investimento chinês, por exemplo, nesse projeto teria especial valor, de forma a facilitar o escoamento de nossa produção de *commodities*, que é grande parte do comércio que temos com a China, bem como baratearia essa produção.

No outro lado do Atlântico, as antigas colônias lusas de Angola e Moçambique avançam na direção de um desenvolvimento ancorado nos imensos recursos naturais de que dispõem. Em sua trajetória para a construção de uma sociedade urbano-industrial, tal como sua irmã luso-brasílica da América, elas precisam integrar-se à região para desenvolver um espaço econômico, político, sociocultural e técnico-científico capaz de sustentar seus respectivos projetos nacionais.

Nessa perspectiva um projeto de integração física do Cone Austral, unindo Angola a Moçambique através de complexa e moderna rede de infraestrutura (transportes, comunicação e energia), a sustentar os dois lados da África, seja crucial para o desenvolvimento integrado das economias do Sul. Talvez se identifique aí um ponto de convergência entre a *rota* chinesa com a *trilha* brasileira, vindo a beneficiar também uma *avenida* africana.

Esse projeto geraria um bloco político-econômico notável para o processo da economia do século XXI, pois se estabeleceria uma ligação do Atlântico com o Pacífico e o Índico, gerando a possibilidade de um *acesso trioceânico* para o conjunto formado pelos países meridionais da América e da África.

Se não estão consolidadas propostas com ordenação específica nesse sentido, sabemos quais são as metas globais que a sociedade persegue: democracia, respeito a direitos humanos, desenvolvimento, equilíbrio social, proteção ao meio ambiente, erradicação da pobreza, etc. Esses são os parâmetros a partir dos quais a diplomacia deve definir seus objetivos.

A reconstrução da política exterior brasileira é urgente para recolocar no centro da ação diplomática a defesa da independência, da soberania, da dignidade e dos interesses nacionais, de valores como a solidariedade e a busca do diálogo, que a diplomacia ajudou a construir como patrimônio e motivo de orgulho do povo brasileiro.

Cada macaco no seu galho, cada galo em seu poleiro, cada país em sua rota, trilha ou avenida, em busca da prosperidade compartilhada.[24]

---

[24] A propósito, em dezembro de 2010, o ex-Chanceler Celso Amorim concedeu entrevista à jornalista Susan Glasser, da revista *Foreign Policy*, com a pergunta inicial seguinte: "What is the big idea, as far as you see it, for Brazil's role in the world? Some people have argued that Brazil is a **negotiating power,** or a symbol of the emerging world order. What is your view?"

Celso Amorim: "I would say, of course it's a negotiating power. But it would be very simplistic to think Brazil always looks for consensus' sake. We also have a view of how things should be, and we tend to work in that direction. We struggle to have a world that is more democratic, that is to say, more countries are heard on the world scene – a world in which economic relations are more balanced and of course in which countries in different areas can talk to each other without prejudice."

CHINA-TAIWAN:
a visita de Pelosi e a coreografia chinesa esperada pelos EUA

Rio de Janeiro, em 8 de agosto de 2022.

Narrativas sobre a questão de Taiwan ficam *mais leves* quando, de início, se lembra que, no século XVI, navegantes portugueses batizaram a ilha de *Formosa*. Essa bela estreia de inserção internacional poderia sugerir um cenário futuro auspicioso para aquele território.

Pelo contrário, séculos após a chegada dos visitantes lusos, a recente visita da Sra. Nancy Pelosi a Taiwan segue roteiro repetido em eventos recentes, quando *provocações dos EUA* são respondidas, por Pequim, com promessas de que "quem brinca com o fogo, acaba se queimando".

Tendo servido entre 1998 e 2006, como Diretor do Escritório Comercial do Brasil em Taipé – representação sem caráter oficial – testemunhei reações semelhantes da RPC contra seguidos atos de benevolência dos Estados Unidos da América, com respeito àquela *província rebelde*.

Assim, houve momentos de crise, com o disparo de mísseis chineses em direção a zonas marítimas próximas da ilha, em 1996. Como reação, o ex-Presidente Bill Clinton enviou poderosa armada para as proximidades da ilha aliada. Aquele momento, a propósito, teria sido mais grave do que os exercícios militares chineses atuais, uma vez que **houve real aproximação** entre as forças armadas dos EUA e as da RPC.

Durante o período de minha missão, assisti a agravamentos de tensões como o ocorrido, em 1999, após pronunciamento da *autoridade local* Lee Teng Hui, no sentido de que haveria "um governo em cada margem do estreito". Agregou que Taiwan não necessitava declarar independência, pois a "República da China já era um país independente" desde sua fundação, em 1912. Como resultado, Pequim, mais uma vez, ameaçou com o emprego da força militar no caso de que a ilha pudesse ter aceitação internacional como *país independente*.

A impressão que pude recolher entre observadores internacionais, naquele momento, era a de que a China estaria certa de reagir com firmeza, em virtude de razões variadas, como a do *século de humilhações* a que havia sido submetida pelo Ocidente e pelo Japão e a vitória incontestável na Guerra Civil do Partido Comunista Chinês contra o Kuomintang, em 1949. Não parecia haver dúvidas, então, a respeito do apoio externo à reivindicação chinesa de sua autoridade política sobre Taiwan.

Segundo o jornal *South China Morning Post*, de Hong Kong, em 14 de julho daquele ano, citando dirigentes em Pequim, "Lee tinha levado a população de Taiwan e seus patrocinadores estrangeiros em direção da própria destruição com sua aventura separatista e suicida". Até então, autoridades chinesas costumavam referir-se a Lee como *o traidor do milênio*. Após sua polêmica declaração, lhe deram um *upgrading* para: *bebê defeituoso de proveta, gerado nos laboratórios anti-China*.

Naquele momento de tensão, contudo, a reação norte-americana, através do porta-voz do Departamento de Estado, foi apenas a reiteração da conhecida posição de Washington, com respeito aos *três nãos*, a saber: não à independência de Taiwan; não a *duas Chinas*; e não à participação formosina de organizações internacionais reservadas a Estados.

Em 2000, por ocasião da posse do líder independentista Chen Shui-Bian, eleito, na ilha, em substituição a Lee, os chefes de escritórios comerciais e Embaixadores, em Taipé, recebemos convite que especificava que, durante a cerimônia, "em caso de ataque aéreo, permaneça calmo" – o que, obviamente, indicava que poderia haver ataque da RPC, em protesto contra a eleição do *novo Presidente*. Passamos algumas horas olhando para o céu, na antecipação de algum míssil punitivo chinês, a quatro minutos de distância, o que felizmente não ocorreu.

A repetição de roteiros *tão feios* e perigosos como os ora seguidos por Pequim, em retaliação à visita da Sra. Nancy Pelosi, provocam a reflexão sobre a viabilidade de nova moldura contratual que não se resuma à invocação chinesa de que "quem brinca com fogo pode se queimar", enquanto os EUA aparecem patrocinando fatos que a RPC entende como destinados a fortalecer os ímpetos independentistas de Taiwan.

Caberia, a propósito, precisar melhor narrativas relativas à ilha. Inicialmente, cumpre assinalar que Taiwan é uma *democracia eleitoral*, no sentido de que todos têm direito a voto e há pluralidade de partidos políticos.

A constituição vigente em Taiwan, no entanto, foi trazida por Chiang Kai Check, após sua derrota na China, em 1949, e imposta à população da ilha, inclusive com a cláusula da *existência de apenas uma China*, com sede em Taipé. Nesse sentido, a RPC seria apenas "um anexo da República da China, situada no outro lado do estreito".

Até hoje, portanto, na capital formosina, como na esmagadora maioria dos países independentes, ninguém reconhece a existência de *duas Chinas*.

Fica a observação, no entanto, de que talvez não seja possível classificar como *democrática* uma sociedade que não redigiu sua própria Constituição. Apenas seus representantes são, agora, eleitos para um parlamento, nos moldes do que lhes foi imposto por Chiang Kai Check, em 1949.

Assinalo, também, com vistas a *situar* melhor os contornos da questão de Taiwan, que Washington, com frequência, refere-se a sua *ambiguidade estratégica* no que diz respeito aos acordos firmados com a RPC, quanto à soberania chinesa sobre a ilha.

Assim, em 27 de fevereiro de 1972, na final da visita de Richard Nixon à China, foi assinado, com Mao Zedong, o "Joint Communiqué of the United States of America and the People's Republic of China", também conhecido como o *Comunicado de Xangai*.

De acordo com seu texto: "The document pledged that it was in the interest of all nations for the United States and China to work towards the normalization of their relations, and affirmed a mutual interest in détente".

No que diz respeito à soberania sobre Taiwan, o acordo prevê que "cabe aos chineses decidirem sobre o assunto e que os Estados Unidos da América tomam conhecimento (*acknowledges*) da posição de Pequim de que só existe uma China". Daí, cabe ressaltar, a dúvida permanente da RPC quanto à *ambiguidade estratégica* norte-americana.

Nunca é demais enfatizar, a propósito, que Taiwan é herdeira de vínculos com a China que criam um marco de referência, incluindo valores, ideias e crenças consolidadas através de uma história compartilhada. Laços foram estabelecidos, assim, a partir do fato de habitantes dos dois lados do Estreito falarem o mesmo dialeto, pertencerem à mesma família ou serem originários de um único povoado, província ou região. A relação de confiança que tais condições conferem a transações comerciais e financeiras no continente asiático supera a capacidade de coerção ditada por muitos diplomas legais no Ocidente.

Formou-se, assim, rede regional, com bases étnicas, que atuou como intermediária, em termos de agentes financeiros, comerciantes e empresários facilitando a reintegração econômica de Taiwan à China. Esta é uma condicionante que tem contribuído para que o processo de unificação dos mercados e sistemas produtivos, de ambos os lados do estreito, seja reforçado por laços interpessoais ou fatores culturais (vide livro de minha autoria *Taiwan – Um Futuro Formoso para a Ilha?*, Editora UFRGS, 2005).

Assim, conforme narro no livro citado acima, no início do processo de abertura da China para o exterior, comerciantes formosinos, por um lado, dispunham de relação de empatia com os nacionais da República Popular, por raízes étnicas. Por outro, estavam mais bem equipados para compreender o que se passava no mundo de negócios no exterior, devido a sua já longa exposição a empreendimentos multinacionais.

Parece oportuno lembrar o entendimento de que a China não é, apenas, "mais uma nação, na família de nações. A China é uma civilização que busca aparecer como um Estado", segundo o Professor de Ciências Políticas Lucian W. Pye. Na perspectiva do Sr. Pye, a história moderna da China seria marcada por esforços, gerados dentro e fora do país, no sentido de "espremer uma civilização em moldura institucional arbitrária, denominada estado moderno e gerada em centros acadêmicos ocidentais, desconectada, assim, da realidade da evolução política histórica chinesa".

Seria, então, extraordinário o fato de que *a China* se tenha mantido unida. Como consequência, a fundação da República da China, em 1912, sobre uma das civilizações mais antigas, garantiu sustentabilidade a uma cultura política em que, entre seus deveres principais, se encontra o de manter os chineses unidos.

Isto é, a obrigação de garantir que sua civilização permaneça indivisível tem significado a impossibilidade de compromissos que colocassem em dúvida a existência de apenas um centro de poder e autoridade.

Verifica-se, a propósito, que, apesar dos milênios de sua civilização, é recente o conceito de *nacionalismo*, entre os chineses. Basta lembrar que a última dinastia de Imperadores foi *manchu* e pouco fez para associar-se à cultura do país, impondo-se, em grande medida, exatamente pelo fato de diferenciar-se dos súditos.

Com o advento da República, não houve transição fácil entre um Império e uma nação. Quando a ideia força republicana se consolidou, foi como resultado de mobilização do Estado, e não como manifestação popular. Seu propósito, desde então, foi o controle do território, e não a emancipação política. Tanto o Kuomintang, quanto o Partido Comunista seguiram essa orientação durante os períodos em que governaram o país.

Observa-se que, em Taiwan, enquanto esteve no poder, entre 1949 e 2000, o Kuomintang demonstrava claro esforço de tornar a ilha no polo principal de divulgação da cultura sínica. A cada ano, centenas de jovens *chineses ultramarinos* foram trazidos, de diversos países, a Taiwan para fazer cursos de mandarim, caligrafia, instrumentos musicais, pintura e culinária tradicionais.

Não foi por acaso que, quando de sua fuga através do estreito, o Generalíssimo Chiang Kai-Shek, com o apoio logístico dos EUA, carregou os maiores tesouros de porcelana para Taiwan. Por muito tempo, houve, em Taipé, a intenção de ser o centro de irradiação cultural da China. Principalmente durante o período de grande turbulência revolucionária, na década de 1960, enquanto, durante a *Revolução Cultural*, o tradicional era objeto de destruição no continente, em Taiwan cultivavam-se todos os campos de estudo enumerados no parágrafo anterior.

Enquanto tais acontecimentos se desenrolam na margem chinesa, no lado taiwanês do estreito, em comemoração ao Festival da Lanterna, celebrado anualmente no décimo quinto dia após o Ano Novo Lunar Chinês, costumava-se, em Taipé (durante o período de 1998 e 2006, quando exerci a chefia do Escritório), acender, em frente ao monumento a Chiang Kai-Shek, um enorme balão com o formato do animal que representasse o novo ano que se iniciava.

Nessa perspectiva, nota-se que, entre os mecanismos de cooperação proporcionados pela identidade cultural comum aos dois lados do Estreito de Taiwan, encontra-se a capacidade, demonstrada historicamente, de fazer prevalecer, diante de qualquer adversidade, os valores mais importantes da civilização chinesa.

De volta à análise dos aspectos econômicos, ressalto que o intercâmbio comercial entre a China e Taiwan teve início na década de 1980, quando a economia da República Popular começou seu processo de abertura para o exterior. Tal desenvolvimento foi muito bem aproveitado pelos taiwaneses, que se encontravam em fase de reorganização de suas vantagens competitivas.

Seria conveniente, neste ponto, lembrar, também de forma simplificada, a descrição convencional da recente evolução econômica taiwanesa. Segundo esta, a ilha costumava apresentar montanhas cobertas de nuvens, rios de águas límpidas e planícies verdejantes, onde uma população de aborígenes caçava animais selvagens e plantava o necessário para a sobrevivência. Depois do costumeiro período de agressão dos mercantilistas estrangeiros, chega-se a meados do século XX, quando os seguidores de Chiang Kai-Shek impuseram o aparato institucional da *República da China* em Taiwan, promoveram extensa reforma agrária e iniciaram acelerado processo de industrialização.

Na década de 1960, começou a revolução industrial formosina. As montanhas desapareceram sob nuvens de fumaça, os rios foram poluídos e as planícies ocupadas por avalanches de ferro e cimento.

A ilha não cessou mais de produzir, aproveitando a mão de obra e terra baratas, transferência de tecnologia e proteção militar dos EUA e acesso de seus produtos ao mercado norte-americano.

Os incentivos econômicos e tecnológicos norte-americanos e o acesso ao mercado dos Estados Unidos, cabe ressaltar, são o grande diferencial que explica o desenvolvimento taiwanês.

Isto é, caso não tivessem sido inseridos, no contexto da Guerra Fria, na fronteira ideológica com a China socialista, bem como lhes faltassem as facilidades concedidas pelos norte-americanos, dificilmente alcançariam o mesmo sucesso.

Taiwan tornou-se fabricante de bicicletas, sapatos, têxteis, brinquedos e guarda-chuvas, bem como de qualquer bem que pudesse ser fornecido como OEM (Original Equipment Manufacturing), segundo o esquema em que outra fonte provesse o desenho dos artigos a serem feitos na ilha, de acordo com especificações de fora.

Nessa fase inicial, portanto, foi conveniente aos taiwaneses transferirem, gradativamente, para o continente chinês, suas indústrias menos avançadas, de utilização intensiva de mão de obra e mesmo poluentes. A maioria foi instalada nas proximidades de Hong Kong, com vistas a aproveitar suas facilidades portuárias e resultante acesso a mercados internacionais.

A segunda leva, em meados dos anos 90, visou ao vasto número de consumidores chineses. Indústrias formosinas, portanto, foram instaladas ao redor das grandes cidades do continente com maior poder aquisitivo e meios de transportes para áreas no interior do país. Em seguida, empresas eletrônicas taiwanesas passaram a considerar o continente como fator estratégico fundamental para suas operações mundiais.

Nesse processo, até recentemente, a ilha vinha obtendo sucesso na elevação das indústrias locais a um patamar tecnológico mais avançado, enquanto suas exportações de produtos de menor valor agregado, fabricados na China, passaram a usufruir das quotas concedidas pelos países industrializados aos chineses. A República Popular, no entanto, passou também a reorganizar suas próprias vantagens competitivas, iniciando a produção de bens semelhantes aos das indústrias taiwanesas lá instaladas. Paralelamente, apesar das restrições impostas por Taipé ao limite de investimento que poderia ser feito no continente, a economia chinesa tornou-se forte competidora da taiwanesa, em busca do capital disponível na margem formosina do Estreito.

Assim como diferem as interpretações sobre qual é a *verdadeira China*, as razões de cada parte sobre a possibilidade de reunificação também são divergentes. A RPC acredita ter o tempo a seu favor, no sentido de que ao se tornar cada vez mais rica e poderosa, os chineses que habitam Taiwan irão preferir a cidadania da República Popular.

As autoridades formosinas antecipam o contrário, na expectativa de que, gradativamente, a população local encontre cada vez menos em comum com os habitantes do continente chinês, em função da forma de governança autoritária adotada por Pequim.

Decorridos vinte e três anos desde aquele pronunciamento de Lee Teng-hui – a respeito de um governo em cada lado do estreito, mencionado acima – é mais uma vez tensa a situação através do Estreito, como resultado da visita da Sra. Nancy Pelosi.

A margem taiwanesa, no entanto, parece contar agora com maior solidariedade internacional. Isto é, diante de crescentes ameaças chinesas de que movimento independentista na ilha seria sufocado pela RPC, militarmente, Estados Unidos, Índia, Japão, Austrália e alguns países vizinhos, no Sudeste Asiático e na Europa indicam que se oporiam à reivindicação da China sobre Formosa, caso os chineses apelassem à utilização de meios bélicos. De certa maneira, não haveria mais um *alinhamento automático* com a reivindicação de Pequim quanto a sua soberania sobre Taiwan.

Ademais, a excessiva demonstração de força militar chinesa, após a visita da Sra. Nancy Pelosi a Taipé, pareceu uma bem ensaiada coreografia, previamente combinada entre os Presidentes Biden e Xi, durante a qual os chineses fingiam que atacavam e os taiwaneses fingiam que se defendiam. Parece evidente que Washington teria sido informada sobre os alvos escolhidos por Pequim, de forma a que forças dos EUA não ficassem próximo das áreas a serem atingidas – conforme poderia ter ocorrido em 1996 e relatado acima.

Nova cena de partida talvez tenha sido criada, no momento, para a questão taiwanesa. Nesse sentido, ficaria desgastada, por um lado, a condicionante da *ambiguidade estratégica dos EUA*. Por outro, fica menos clara a diferença entre estar Pequim *evitando a independência de Taiwan* ou provocando sua integração do continente, pela força militar.

Conforme mencionado acima, contudo, a renovada tensão atual através do estreito tem criado maiores simpatias para a margem taiwanesa. Estudiosos sobre o assunto chegam a revisitar, por exemplo, conclusões sobre a participação da República da China, sob a chefia de Chiang Kai-shek, da Conferência do Cairo, no final de novembro e início de dezembro de 1943, durante a Segunda Guerra Mundial. O então Presidente chinês compareceu ao evento que incluiu os *Quatro Grandes* – o Presidente Roosevelt, o Primeiro-Ministro Winston Churchill, o líder soviético Joseph Stalin e o próprio Chiang Kai-shek.

Na ocasião, entre outros assuntos, ficou decidido, como se sabe, que, ao término do conflito, o Japão devolveria à República da China as ilhas de Taiwan e a dos Pescadores e o território da Manchúria. No final da *Guerra do Pacífico*, foi o que aconteceu. Daí – procuram argumentar os defensores dos independentistas de Taipé – haveria apenas argumentos políticos e, não *legais*, pois, ao transferir-se para Taipé, em 1949, Chiang teria levado consigo a *República da China*, quando Mao declarou fundada a República Popular da China.

Cabe lembrar que, em 1999, quando Lee efetuou seu pronunciamento sobre *um Governo em cada margem do estreito*, viviam-se ainda lembranças poéticas da fase pós-maoísta, que sucedera a período caótico do governo do *grande timoneiro*. Na sequência, Deng Xiaoping, é sabido, assumira o leme da RPC e conduziu o país no rumo perseguido há milênios, no sentido da busca da estabilidade social. Não teria cabimento – no contexto de apenas duas décadas de abertura da China ao exterior – que liderança taiwanesa criasse turbulência no caminho da grande nave chinesa em direção ao progresso.

No momento atual, a República Popular já é considerada a segunda – ou talvez a primeira – economia mundial. Já é capaz de competir – ou liderar – em setores de tecnologia de ponta. Suas forças armadas projetam-se sobre o Mar do Sul da China. Sua forma de governança, contudo, é objeto de crítica, no controle da pandemia de COVID-19. Há desconfianças quanto ao tratamento de minorias internas naquele país.

Verifica-se, nessa perspectiva, que a RPC – ao contrário do que pude aferir em Taipé em 1999 – não é entendida mais simplesmente como vítima de uma história que a colocara em situação de inferioridade.

Hoje, a República Popular é cobrada por seu sucesso nas áreas econômica e tecnológica, bem como tem seu sistema de governança criticado no combate ao vírus que nos assola e em matéria de direitos humanos. Daí, eventual instabilidade através do estreito de Taiwan não contará com as mesmas simpatias internacionais demonstradas a Pequim em crises anteriores.

Fica a pergunta: existe, nesse contexto, um futuro formoso para a Ilha?

O PRINCÍPIO DE UMA CHINA: a proposta taiwanesa de dois Estados e o interesse para o Brasil

Rio de Janeiro, em 22 de agosto de 2022.

A China marcou o mês de agosto com seguidos bombardeios à proximidade da ilha de Taiwan, aliada dos EUA. Têm sido – ainda em andamento – as maiores incursões contra as defesas de Taipé na história da disputa que remonta à vitória de Mao Tse Tung contra Chiang Kai-shek no continente, em 1949.

Análises disponíveis colocam o tema em contexto de uma nova bipolaridade mundial, agora entre Pequim e Washington.

Cabe registrar que pouca reflexão é feita sobre como a estratégia de inserção internacional do Brasil é afetada no contexto dessa nova *bipolarização*. Daí meu esforço na recapitulação de argumentos já expostos.

No que diz respeito à questão, o interesse brasileiro pela disputa entre Pequim e Taipé transcende a curiosidade quanto à essência do debate entre a posição da RPC – de fazer prevalecer o conceito de *um país, dois sistemas* – e a de Taiwan – de propor *um país em cada margem do estreito*, conforme analisado em textos meus em *Mundorama*, parte do conteúdo dos quais repito a seguir.

Verifica-se, a propósito, que, por um lado, alguns dos temas em discussão merecem atenção, por afetarem interesses do Brasil em regiões em nosso entorno imediato e na África.

Por outro, as técnicas de negociação utilizadas pelas partes chinesa e taiwanesa podem servir de ensinamento para gestões nossas de caráter econômico ou político com o chamado *universo Chinês*, onde China e Taiwan se incluem.

Mesmo questões de assistência consular, seja no continente ou na ilha – conforme inclusive experiência pessoal minha – podem recorrer à reflexão sobre as complicadas formas de interlocução com aquela cultura oriental.

Nessa perspectiva, quando se considera a possibilidade de um futuro formoso para a ilha, nota-se que, no essencial, a República Popular reivindica o reconhecimento internacional como a *única China*, em função da abrangência de suas relações diplomáticas, que não incluem apenas alguns países de pequena expressão, que mantêm embaixada em Taipé – reconhecendo, portanto, aquela cidade, na ilha em questão, como a capital da *China*.

Com base nesse amplo apoio e condição de membro da ONU, a RPC enfatiza a inviolabilidade de sua soberania, bem como invoca o princípio de não interferência em seus assuntos internos – entre os quais inclui a questão formosina.

De sua parte, Taiwan, a partir de 1991, deixou de reivindicar a condição de sede do Governo da China como um todo, passando a postular fórmula de *double recognition*. As autoridades insulares têm procurado legitimar a convivência entre as nações a partir de sua consolidada inserção em setores críticos da economia internacional, bem como pela adoção de formas de governança aceitas como democráticas pelas potências ocidentais.

As duas estratégias de política internacional resultam na inclusão de temas relevantes, na agenda de preocupações de países cuja amizade é objeto de disputa entre Pequim e Taipé, bem como se situam em áreas de interesse para a ação diplomática brasileira: a América Central e a África, onde se situam os poucos países que reconhecem a República da China, como a legítima, em oposição à RPC.

Assim, é possível identificar três tópicos principais em torno dos quais se desenvolve o debate: a ênfase na legitimidade; a questão da soberania *versus* interdependência; e a competição entre o princípio da não interferência e o da autodeterminação.

No que diz respeito à legitimidade, ambas as partes a reivindicam, alegando que sua respectiva postura estaria adequada à visão de modernidade sobre a ordem internacional. A China aposta na sua participação da ONU e no reconhecimento generalizado de seu governo como fundamentos que, a seu ver, serviriam para defender interesses dos países em desenvolvimento, diante da ameaça de que o processo de globalização da economia, de formas de governança e de valores ocidentais poderão vir a colocar em risco o princípio de soberania dessas nações.

Taiwan alega que a RPC estaria na contramão da História, na medida em que se recusaria a aceitar a realidade do mundo Pós-Guerra Fria, onde a ameaça da utilização da força, como forma de resolver divergências ideológicas, estaria superada, enquanto novas modalidades de cooperação consolidar-se-iam. Democracia, liberdade de expressão e respeito a direitos individuais seriam, agora, os fatores determinantes dos países vencedores da *bipolaridade entre Capitalismo e Socialismo*. O modelo taiwanês deveria, portanto, servir de inspiração para nações que desejem modernizar-se.

Quanto à oposição entre soberania nacional e interdependência, Pequim baseia-se nos chamados *Cinco Princípios de Convivência Pacífica*, que alega serem o sustentáculo de sua política externa. Ao reivindicar absoluto respeito a sua soberania sobre Taiwan, enquanto salienta a necessidade da mesma postura em relação a outros Estados, a RPC defende ser este um dos fundamentos de uma ordem internacional estável.

Tal política é aplicada pelos chineses, por exemplo, com relação à África, onde mantêm o apoio à soberania e independência de cada país, condenam qualquer interferência externa e, como resultado, pregam o direito de cada nação escolher seus sistemas político e econômico próprios.

Em contrapartida, Taiwan posiciona-se como ator a ser reconhecido em um mundo globalizado, onde – parece acreditar – o Estado tradicional teria sua importância reduzida. Ao mesmo tempo em que aparece lutando ferozmente – inclusive com amplos recursos financeiros – para manter e expandir seus vínculos diplomáticos, Taipé busca também integrar organizações internacionais, como a das Nações Unidas e Mundial de Saúde. Os formosinos acreditariam, contudo, que a ausência de mais amplas relações oficiais com o exterior não seria fator impeditivo para sua participação de uma ordem internacional política e econômica moderna.

Sobre a questão de não interferência *versus* autodeterminação, a China não se preocupa com a opinião internacional quanto à legitimidade do processo de reunificação da Ilha que considera rebelde. Conforme analisado, Pequim tem reiterado que não renunciará ao emprego da força caso Formosa chegue ao extremo de declarar-se independente. Tal postura é resultado da já mencionada ênfase no fato de que se trata de problema de política interna de um Estado independente. Qualquer opinião externa, portanto, é considerada interferência em assuntos domésticos.

Taipé, de sua parte, procura introduzir o conceito de autodeterminação como obstáculo legítimo à reintegração nos moldes acenados por

Pequim. Segundo têm amplamente divulgado, os taiwaneses procuram utilizar o termo *autodeterminação* não como sinônimo de independência ou como base para que a população da Ilha possa optar pela independência.

Tratar-se-ia de um conceito mais amplo que buscaria garantir uma espécie de *poder de veto* ao *timing*, natureza e termos de inserção da ilha em *entidade política chinesa maior*. Segundo essa perspectiva, Taiwan desfrutaria de indiscutível personalidade internacional, em virtude de ter existência política legitimada por eleições livres.

A Constituição vigente em Taiwan, no entanto, foi trazida por Chiang Kai Sheck, após sua derrota na China, em 1949, e imposta à população da ilha, inclusive com a cláusula da *existência de apenas uma China*, com sede em Taipé. Nesse sentido, a RPC seria apenas "um anexo da República da China, situada no outro lado do estreito".

Os dois conjuntos de propostas têm implicações para o Brasil, na medida em que sejam incluídas na agenda de preocupações de países onde existem interesses para nossa ação diplomática. Por um lado, Taiwan utiliza sua diplomacia financeira, dispondo-se a contribuir, por exemplo, para a formação de uma área de influência econômica na América Central e no Caribe, em troca do reconhecimento de seu direito a um governo independente em Taipé.

Junto com o aporte de capital é transferido também conjunto de valores que fortalecem as tendências do processo atual da globalização, no sentido de que o mundo estaria a padronizar-se em função das mesmas formas de produção e de governança prevalecentes na América do Norte e na Europa Ocidental.

Por outro, a RPC divulga, junto a países africanos em disputa pelo relacionamento com Taiwan, que "a democracia nos moldes ocidentais conduzirá a maior desequilíbrio econômico nos países em desenvolvimento". Os chineses, assim, produzem discurso que contradiz frontalmente a visão prospectiva dos formosinos. Nesse caso, contribuem para uma postura política que leve em conta o fortalecimento da soberania nacional como elemento importante para um ordenamento mundial estável.

O problema da reintegração de Taiwan fornece, assim, subsídios importantes para a interlocução brasileira com diferentes parceiros. Há aqueles – como a China – com quem desejamos manter relacionamento estratégico de longo prazo e que, com relação ao assunto, sustentam princípios que poderão servir de fundamentos para um ordenamento mundial, que nos favoreça e no qual o Estado permaneça como ator principal.

Existem, também, os que – como Taiwan – merecem o fortalecimento de parcerias econômicas que se limitem ao desenvolvimento de negócios entre empresas, sem vínculos oficiais.

Conforme mencionado na introdução acima, cabe ressaltar, ainda, que o exercício de reflexão quanto às técnicas de negociação, entre Pequim e Taipé, a respeito da questão do estreito, proporciona, também, aprendizado sobre como devemos conduzir nossas próprias gestões econômicas e interlocução política com o *universo chinês*, do qual China e Taiwan fazem parte.

Verifica-se, por exemplo, que no processo de negociação com chineses, desde o início, cabe precaver-se quanto à necessidade de distinguir entre um enunciado e um compromisso. Isso porque, com frequência, a simples proposta do tema a ser discutido já contém, em seu *enunciado*, o *compromisso* que uma das partes pretende obter de seu interlocutor.

Assim, no esforço de restabelecimento das negociações através do estreito, os dirigentes da RPC anunciam, como condição prévia, a aceitação do princípio de *uma China*. Dessa forma, o tópico enunciado pelos chineses, para a discussão com os formosinos, já contém em si mesmo o compromisso que Pequim pretende obter de Taipé.

De sua parte, os taiwaneses tratam a ideia de *uma China* como um enunciado que só poderia ser atingido quando, de fato, fosse contornada a *realidade* de que existiriam *duas Chinas*. Seria, portanto, do interesse de Taipé obter, como ponto de partida, o compromisso chinês de que existem uma República Popular da China e outra entidade política representada por Taiwan.

Na sequência das negociações, há um esforço permanente para estabelecer sucessivas *novas cenas de partida*. Isto é, cada parte procura superar qualquer vitória que o interlocutor tenha obtido, empurrando a discussão para um patamar seguinte, em que novo consenso lhes seja favorável. Na prática, é um criativo exercício de linguagem. O *que foi acordado*, para o *universo chinês*, é com frequência algo inesperado para a *mente ocidental*.

É necessário perceber, em primeiro lugar, que um negociador de seja qual for a margem do Estreito, com frequência, utilizará palavras de seu interlocutor para encurralá-lo em determinada posição ou levá-lo a concessões.

Daí, por exemplo, a relutância formosina em aceitar o princípio de *uma China*, como cena de partida para o reinício das conversações. No momento em que tal enunciado for aceito, a parte chinesa terá vencido a argumentação, pois haverá obtido o compromisso de Taipé quanto à inexistência de outra entidade política na margem formosina do estreito.

Em segundo lugar, é conveniente considerar o que é entendido no *universo chinês* como *face*, no sentido de aparências ou *status* social ou político do interlocutor.

Dessa forma, sempre tomando como referência as tratativas entre as margens chinesa e taiwanesa do estreito, nota-se que, mesmo antes de se sentarem à mesa, cada parte busca, inclusive com a demonstração de força, exercer pressão ou desmerecer a outra, buscando diminuir-lhe a *face*.

Assim, Pequim, enquanto reitera que só aceita conversar com Taipé quando as autoridades formosinas aceitarem o princípio de *uma China*, renova a ameaça de emprego da força militar caso os líderes taiwaneses insistam em declarar-se uma entidade política separada. Daí o aumento recente e impressionante de aviões militares e mísseis da RPC sobrevoando áreas próximas a Taiwan, inclusive com o emprego de *munição viva* (*live ammunition*).

Em contrapartida, ao reafirmarem que já são *um país independente*, os seguidores da Sra. Tsai, em Taipé, não cansam de acenar com a existência do *Taiwan Relations Act*, que, aprovado pelo Congresso norte-americano, obriga os EUA a assistirem militarmente a Ilha, caso esta seja invadida pelo continente.

Cabe observar, ainda, que outra característica dos negociadores do *universo chinês* é a da tentativa de colocar o adversário em situações de tomada de decisão sob pressão permanente, do tipo *pegar ou largar*. Mas, em seguida, adotam nova postura, indicando que, na verdade, não atribuíam tanta importância à exigência que haviam acabado de fazer.

Quanto a esse aspecto, tanto os chineses como os taiwaneses adotam a técnica de reinterpretar um suposto *compromisso final*, de acordo com sua própria conveniência. Isto é, após o acordo obtido em 1992 sobre a possibilidade de que cada parte admitisse a existência de *uma China*, segundo sua conveniência, Pequim passou a reinterpretar que essa única China seria a RPC, estabelecida em 1949, enquanto Taipé insistiria que se tratava, na verdade, de consenso quanto à persistência da *República da China*, fundada em 1912.

Na linha de raciocínio que se procurou desenvolver nos parágrafos acima, ambas as partes chegam, nessa sequência de consensos, a patamar distinto, que significaria nova cena de partida, a ser rediscutida, em função de enunciados distintos, até que, em algum momento, se chegue a compromisso.

Reitera-se que a reflexão sobre essas técnicas de negociações é fundamental para que possamos nos situar melhor, por exemplo, quando se procura fortalecer a *parceria estratégica*, entre Brasília e Pequim. É necessário identificar, em cada negociação, com nitidez, a diferença entre o que está sendo acordado e o a ser perseguido, bem como os sucessivos consensos a serem percorridos até que se chegue a compromisso final, incluindo interesses de ambas as partes.

Entre os ensinamentos que ficam do estudo da interlocução com e intra *universo chinês*, seria possível registrar que:

– Naquela parte do mundo, esticam-se, ao máximo, as negociações, no esforço de identificar novas vantagens a serem obtidas do interlocutor, utilizando-se o leque de artifícios e pressões relacionados acima. Uma tática frequentemente aplicada é a de repetir enunciados ou indagações semelhantes. Nesse processo, os negociadores sínicos usam e abusam de detalhadas anotações. Acima de tudo, trabalham em perfeita sintonia, isto é, não demonstram contradições internas perante seus interlocutores. Fica sempre claro que a verdadeira agenda do grupo é cuidadosamente disfarçada.

– Para a adequada condução de conversações com pessoas herdeiras dessa cultura, deve-se, inicialmente, entender que os encontros de alto nível não necessariamente proporcionarão – de acordo com nossa maneira de negociar – a oportunidade final de compromissos definitivos. Para os chineses, na verdade, esses são momentos para exibir a tal *face*, executar um ritual, durante o qual buscarão demonstrar sua superioridade. O que vale, para eles, é o relacionamento pessoal desenvolvido durante as reuniões preparatórias, os sucessivos consensos obtidos, através das formas de pressão e concessões conseguidas.

Daí ser fundamental que a outra parte, com antecedência, disponha de propostas em comum – que não seriam rediscutidas perante o adversário, revelando, assim, falta de coerência interna; não altere seus negociadores, pois tal hesitação levará o grupo chinês a testar a vulnerabilidade do novo interlocutor; e cabe, em encontros prévios, negociar processos claros para a barganha com os chineses, antecipando, se possível, quais são os patamares a serem almejados, bem como os pontos quanto aos quais não haverá concessões.

No livro *Iruan nas Reinações Asiáticas*, publicado pela Editora AGE em 2004, procurei descrever o processo de negociação cultural que desenvolvi, a título de assistência consular ao guri gaúcho Iruan Ergui Wu, retido em Taiwan, pela família paterna, entre 2001 e 2004, quando tive oportunidade de colocar em prática alguns dos ensinamentos que julgava haver obtido quanto à negociação com o universo chinês.

Tratava-se, então, de provar que o menor possuía identidade cultural brasileira e que seu relacionamento familiar mais próximo era com a avó gaúcha. Foi um penoso e longo exercício, contornando obstáculos em interlocução com características da metodologia descrita acima, cheia de avanços e recuos, consensos e enunciados.

Parece que aprendera alguma coisa, pois, no início de 2004, após três longos anos de negociações com autoridades judiciárias formosinas, contando com a orientação de advogado local e grupo de apoio no Rio Grande do Sul, venci a disputa e pude entregar à avó gaúcha, o *doce neto*, no Salgado Filho (aeroporto de Porto Alegre).

De retorno ao tema de soberania chinesa *versus* autodeterminação da Ilha, verifica-se que o cenário futuro favorável para a questão de Taiwan poderia ser descrito nas linhas gerais seguintes: haveria acordo quanto à renúncia taiwanesa à independência e ao término da ameaça chinesa de utilização da força para a reunificação. Prevaleceria a ideia de que existe apenas uma China, sujeita a duas interpretações, correspondente a cada margem do estreito.

O processo de reintegração de Taiwan ao continente, no entanto, implica também a convivência com esforços acelerados de integração econômica entre os dois lados do estreito. Permeando tudo isso, existe o fortalecimento de uma noção de cidadania formosina.

No processo de integração econômica, já se conta com volume enorme de investimentos taiwaneses na RPC e crescente comércio bilateral, que poderiam levar a crer que existe unanimidade quanto à conveniência do visível intercâmbio entre os lados do estreito e que, portanto, neste patamar, haveria invariantes, e não tendências antagônicas.

Existe, contudo, por um lado, a percepção das vantagens que a economia chinesa oferece à taiwanesa e, por outro, a noção do perigo que uma integração crescente entre as duas margens representa para as dimensões de segurança e política da questão de Taiwan. Os favoráveis às livres forças de mercado advogam que a transferência de fábricas, capital, tecnologia e capacidade gerencial para o continente significa o fortalecimento da economia formosina, que, caso contrário, perderia vantagens competitivas.

Em contrapartida, os mais avisados quanto a assuntos de defesa e estabilidade interna insistem que a dependência excessiva da outra margem tornará a Ilha vulnerável a decisões a serem tomadas não mais em Taipé, mas em Pequim.

Quando se analisam aspectos culturais, no entanto, verifica-se que representam, na verdade, uma condicionante de qualquer cenário alternativo futuro para a questão de Taiwan. Isto é, nessa esfera de relacionamento, existe, entre chineses e taiwaneses, somatório de interesses compartilhados por diferentes ações das sociedades civis, ora divididas e governadas separadamente, que servirão de cimento para resgatar a identidade de uma mesma nação através do estreito.

Nessa perspectiva, a título de orientação aos que desejam manter uma parceria estratégica entre o Brasil e a China, cabe reiterar que, historicamente, a Ilha de Formosa desfrutou de duas vantagens competitivas. A primeira é política: o fato de que, graças a uma prudente distância do continente chinês, manteve-se longe das turbulências que afetaram a vida interna do país. A segunda é geográfica, que a coloca próxima ao sempre vasto mercado da China.

Com a fuga de Chiang Kai Check para Taipé, em 1949, ademais, a ilha foi inserida na esfera ocidental da Guerra Fria, como bastião da economia de mercado, contra o sistema socialista vitorioso na República Popular, recém-declarada por Mao.

Daí vieram significativos investimentos, transferência de tecnologia, proteção militar e acesso ao mercado dos EUA a tudo que fosse produzido pelos aliados formosinos. Não houve milagre: era necessário a Washington provar, no contexto de competição entre um sistema de mercado e um centralmente planificado, que o capitalismo seria vencedor. Aconteceu, portanto, o sucesso econômico formosino.

Imagine-se colocar os taiwaneses, por exemplo, na Ilha de Marajó ou em Madagascar, longe do mercado chinês e sem o apoio incondicional dos EUA. Haveria, também, *um milagre*, justificado, apenas, pela *autodeterminação*.

CHINA-VIETNÃ:
a complexidade do relacionamento histórico

Rio de Janeiro, em 12 de julho de 2022.

"A China nunca ocupou militarmente o território de país vizinho algum", declarou o Ministro da Defesa da RPC, Sr. Wei Fenghe, durante pronunciamento no Shangri-La Dialogue, realizado em Singapura no mês de junho passado.

Na sequência, durante a sessão de perguntas, jornalista vietnamita perguntou ao general chinês se "levando em conta o passado de seguidas invasões chinesas do território do Vietnã, sua declaração referir-se-ia a situações futuras".

Em resposta, Wei Fenghe sugeriu o "estudo da história das relações entre os dois países, bem como a análise da situação atual de suas relações".

Portanto, sugiro reflexão quanto à proposta da autoridade chinesa, com base no relato da história desse relacionamento bilateral, descrita em meu livro *A China e o Sudeste Asiático*, pela Editora Universidade/UFRGS, Porto Alegre, em 2000; a respeito do atual relacionamento sino-vietnamita, no âmbito do agrupamento econômico regional, RCEP (Parceria Regional Econômica Abrangente, em sua sigla inglesa). Refiro-me à coluna publicada por *Mundorama* UNB, em janeiro de 2021, sob o título de "CHINA, ASEAN e RCEP".

Concluo observando que a complexidade das relações sino-vietnamitas, no momento, se tornou em complementaridade, segundo visão da Ásia-Pacífico. A formação de um gigantesco bloco econômico – a RCEP – com a participação dos dois países, contudo, parece incomodar observadores em outras partes do mundo.

Nessa perspectiva, o professor William J. Duiker, em *China and Vietnam: the roots of conflict*,[25] explica a complexidade pouco comum do relacionamento histórico entre a China e o Vietnã. Durante mais de dois milênios, laços políticos e culturais mantiveram suas populações estreitamente ligadas. No período de mil anos, o Vietnã foi parte integrante da China; mesmo após sua independência, os dirigentes vietnamitas continuaram a aceitar uma *subordinação tributária*, com relação ao Império Chinês. Tal convivência sempre representou a sensação de ameaça e perigo para a sobrevivência mesmo da nação vietnamita.

Os esforços constantes em busca da estabilidade, no Sudeste Asiático, portanto, sempre tiveram que levar em conta os conflitos entre a China e o Vietnã.

Assim, em época coincidente com o início da Era Cristã, ocorreu a dominação do território onde hoje se situa o Vietnã pelos Han – grupo formador da etnia chinesa. Com o objetivo de destruir o poder de influência dos setores então dominantes, nova classe de funcionários civis e militares chineses foi enviada para administrar aquele território.

Como consequência, iniciou-se processo de aculturação, através da transferência de técnicas administrativas, preferências culturais e valores sociais do Império do Centro. Durante os séculos seguintes, a sociedade vietnamita assistiu à instalação em seu país de instituições políticas, arte, arquitetura, literatura e mesmo do idioma chinês escrito.

Apesar desses esforços de assimilação, sobreviveram tanto a originalidade da cultura vietnamita, quanto o apego à independência. Formou-se um novo grupo de origem Han-vietnamita e sucederam-se movimentos de libertação. Até que, no século X, como consequência da desintegração da dinastia Tang, então reinante na China, os chineses foram expulsos e o Vietnã tornou-se independente.

Paradoxalmente, contudo, a restauração do Estado vietnamita não resultou na eliminação dos traços culturais trazidos nos séculos anteriores pelos invasores. Pelo contrário, consolidaram-se as influências chinesas, principalmente no que diz respeito à organização do aparelho estatal, com a pre-

---

[25] "For more than two millenia, China represented the primary threat to the independence and national identity of the Vietnamese people, and it is not so much to say that the Vienamese nation has been formed, in considerable measure, in the crucible of its historic resistance to Chinese conquest and assimilation". University of California, 1986.

dominância de valores confucionistas para a organização, administração e instalação do *novo Vietnã*.

Procedimentos e técnicas burocráticas chinesas, bem como eficientes quadros de funcionários treinados dentro das normas confucionistas vieram a fortalecer o Estado vietnamita. Simbolicamente, até o nome do novo país – *Dai Viet*, ou *Grande Viet* – foi adaptado da denominação original que os chineses atribuíam aos povos situados ao sul de suas fronteiras.

Segundo John K. Fairbank, em *The Chinese World Order*,[26] contudo, não se deve exagerar a influência cultural da China na sociedade vietnamita. Isso porque práticas chinesas sempre foram adaptadas às condições locais. Por exemplo, de acordo com a norma adotada no vizinho do Norte, eram realizados exames para o serviço público.

No Vietnã, contudo, esses eram aplicados preferencialmente a membros da aristocracia rural e, somente em etapa posterior, a pessoas consideradas de classe inferior. Dessa forma, principalmente os segmentos sociais dominantes foram afetados pelas normas importadas da China, enquanto a maioria dos vietnamitas permaneceram alheios a tais heranças.

Nessa perspectiva, arte popular, arquitetura, literatura e música continuaram a refletir temas folclóricos locais, bem como a apresentar influências mais próximas de culturas vizinhas do Sudeste Asiático, como as civilizações Angkor e Champa. No campo artístico, poucos traços são encontrados da cultura chinesa.

A mesma ambiguidade tornou-se marcante no relacionamento político entre os dois países. Dirigentes vietnamitas frequentemente acharam conveniente aceitar com relação a seu próprio país as pretensões hegemônicas ou a tutelagem que a China projetava sobre as nações vizinhas.

A propósito, os Estados que adquiriam relações tributárias com relação ao Império Chinês – por vontade própria ou não – vinham a beneficiar-se política e economicamente. Por um lado, o dirigente de um país tutelado pela China vinha a adquirir legitimidade incontestável, segundo a estrutura de poder então reinante. Por outro, pequenos países com vínculos especiais com a China adquiriam acesso preferencial de seus produtos ao sempre vasto e cobiçado mercado chinês.

---

[26] *The Chinese World Order*, John F. Fairbank, Cambridge, Harvard University Press, 1968.

Cabe reiterar, contudo, que a aceitação de dependência tributária em momento algum constituiu obstáculo para o desenvolvimento de forte consciência nacional. Extremamente zelosos com respeito a sua independência, os vietnamitas sempre reagiram com o maior vigor ao se sentirem ameaçados pelo poderoso vizinho ao Norte.

A relação de subordinação à China, contudo, cessou em 1880, quando a expansão comercial europeia alcançou o Vietnã, colocando-o sob o domínio da França. Com o término da dependência tributária, enfraqueceram-se os laços culturais que havia tanto tempo perdurado entre chineses e vietnamitas. Criou-se, no entanto, novo patamar de interesses em comum, a partir do desafio do combate à humilhação imposta pelos europeus à China e ao Vietnã.

Apesar de a China estar então assolada por problemas internos, que lhe impediam o cumprimento do acordo de socorrer o Vietnã – conforme previam os vínculos de vassalagem –, os intelectuais vietnamitas continuaram a inspirar-se em valores chineses, na luta contra os novos invasores.

Com a proclamação da República na China, em 1912, as propostas reformistas chinesas foram amplamente divulgadas no Vietnã, principalmente pela recusa da influência cultural do Ocidente. Em fase posterior, novos vínculos foram criados com a expansão da ideologia comunista pela Ásia.

Após a vitória da Revolução Russa, em 1917, como se sabe, fundou-se o COMINTERN, dois anos depois, com o objetivo de divulgar as propostas revolucionárias em outros países.[27] Em 1921, formou-se o Partido Comunista Chinês e, em 1925, Ho Chi Minh (então conhecido como Nguyen Al Quoc) estabeleceu a primeira organização marxista na Indochina Francesa: a Liga Revolucionária da Juventude Vietnamita.

Desde sua fundação, os dois partidos tiveram seus destinos intimamente ligados. Ambos eram o resultado da *onda anti-imperialista*, que varria a Ásia, e encontravam inspiração junto a intelectuais radicais que pretendiam tanto a derrubada de governos e enclaves coloniais, quanto a eliminação das camadas feudais então existentes.

O vínculo mais estreito da Liga vietnamita, contudo, foi inicialmente com o COMINTERN em Moscou, e não com o PCC, em Pequim. Foram

---

[27] *The Chinese World Order*, John F. Fairbank, Cambridge, Harvard University Press, 1968.

os soviéticos que forneceram treinamento e recursos a Ho Chi Minh para a formação de partido marxista revolucionário no Vietnã.

Com o advento da Segunda Guerra Mundial, a União Soviética precisou concentrar seus recursos na Europa. Em 1930, fora fundado o Partido Comunista Indochinês, que, a partir de 1941, passou a ser conhecido como *Vietminh*. Paralelamente, teve lugar maior aproximação vietnamita do Partido Comunista Chinês, inclusive com a adoção das técnicas de guerrilha rural desenvolvidas por Mao Zedong. Para tanto, combatentes vietnamitas, em sua luta contra os franceses e japoneses, utilizaram santuários localizados em território ao sul da China.

Como consequência do término da guerra no Pacífico, enfraqueceu-se a autoridade dos colonizadores franceses na Indochina, abolida pelos japoneses em 1945. Com a derrota do Japão, também naquele ano, criou-se vácuo de poder, logo ocupado pelo Vietminh, que veio a criar governo provisório, chefiado por Ho Chi Minh.

Formou-se a República Democrática do Vietnã, que permanecia ocupada, ao norte, por força expedicionária chinesa lá enviada para auxiliar no combate aos japoneses e, ao sul, sob o controle da França. Em acordo assinado em 1946, entre a França e a China, tropas chinesas foram retiradas e o Vietnã reintegrado como um *Estado livre*, no âmbito do grupo de territórios sob o domínio francês.

Ao contrário do que Ho teria esperado, os franceses não se dispuseram a sair tão rapidamente da Indochina quanto os chineses, conforme, ademais, estaria previsto no referido tratado sino-francês, citado acima. Como consequência, entre 1946 e 1954, a França resistiu política e militarmente à independência da *colônia vietnamita*.[28]

Em 1954, reuniu-se a Conferência de Genebra, com a finalidade de pôr término à presença dos franceses na Indochina. O resultado desagradou extremamente aos dirigentes da República Democrática do Vietnã, que viram seu país ser dividido em duas partes. Hanói, posteriormente, veio a culpar os chineses por fornecerem apoio insuficiente para que, logo após a vitória de Dien Bien Phu, os militares vietnamitas pudessem vir a libertar inclusive o sul da península. Pequim alega que o Vietminh não teria condições de ir além dos limites obtidos com aquela batalha. Tais desavenças, contudo, contribuíram para fortalecer as desconfianças históricas existentes entre os

---

[28] *Le Monde Contemporain*, Collection d'Histoire Louis Girard, 1966

dois países e servir de pretexto adicional para que os vietnamitas julgassem não desejar a China ver o Vietnã unido e forte.

De qualquer forma, logo após a Conferência, os dois países desenvolveram seus melhores esforços no sentido de manter as relações em nível aceitável. Ambos tinham grandes interesses em jogo. Ao Vietnã convinha estar em boas graças com os chineses, a fim de obter ajuda para seu projeto de reconstrução ao norte, como forma de promover a integração do sul.

À China era fundamental garantir a estabilidade em suas fronteiras com o Sudeste Asiático visto que, naquele momento, quando se consolidavam as fronteiras da Guerra Fria, os Estados Unidos vinham consolidando alianças militares no estilo da Organização do Tratado do Sudeste Asiático (SEATO), que viria a ser a contrapartida da OTAN naquela parte do mundo.

Desavenças, contudo, continuavam a ocorrer na medida em que, ao contrário do que havia sido acordado na Conferência de Genebra, eleições deixaram de ser realizadas como processo conducente à reunificação do Vietnã.

A partir de 1956, Hanói decidiu intensificar a luta armada contra o regime de Saigon. Para tanto, os vietnamitas teriam que contar com o suporte da União Soviética ou da RPC. Moscou, de sua parte, esforçava-se por evitar confrontações com Washington. A China pareceria, em princípio, oferecer melhor perspectiva de apoio, visto que, a partir de 1957, Mao havia iniciado período de radicalização, tanto no plano interno, quanto no externo.

As prioridades chinesas, entretanto, concentravam-se na área de confrontação com os Estados Unidos quanto à questão de Taiwan. Mesmo em seus momentos mais exacerbados de condenação dos norte-americanos, Pequim nunca deixou de avaliar as dificuldades de abrir leque por demais extenso de disputa com Washington. Dessa forma, não parecia aconselhável à RPC, naquele momento, patrocinar revolução contra a presença dos EUA no Vietnã do Sul.

Mesmo assim, os norte-vietnamitas decidiram intensificar, a partir de 1959, o auxílio ao movimento de insurgência no sul, popularmente conhecido como VietCong. Em 1961, a recém-instalada administração Kennedy iniciou a participação direta americana em apoio ao Presidente Ngo Dinh Diem.

Em outro desenvolvimento, ocorreu o cisma sino-soviético, com a consequente disputa entre a RPC e a URSS pela liderança das causas dos *povos oprimidos*. A luta dos vietnamitas voltou a interessar, nessa perspectiva, aos chineses.

Em 1963, foi derrubado o regime de Diem, em Saigon. Os norte-vietnamitas procuravam, então, intensificar suas ações militares ao sul, visto o estado de confusão generalizada naquela parte do país. No ano seguinte, Nikita Krushchev foi deposto, e iniciou-se a era de Leonid Brezhnev, com crescente espírito de confrontação contra os Estados Unidos. Aumentaram, na sequência, as disputas entre Pequim e Hanói – agora fortalecidas pela promessa de maior apoio dos novos governantes soviéticos – quanto à intensidade a ser concentrada na guerra aos aliados de Washington no Vietnã do Sul.

Ao término da luta contra os norte-americanos, em 1975, as contradições entre chineses e vietnamitas chegaram ao ponto em que Hanói jurava ser a intenção de Pequim manter o Vietnã dividido, como forma de facilitar o domínio da China sobre o Sudeste Asiático.

Em 1978, como se sabe, o Vietnã invadiu o Camboja. No início do ano seguinte, a China decidiu *ensinar uma lição ao Vietnã*, atacando o país vizinho ao sul, com resultados militares discutíveis". A questão cambojana só foi resolvida após a retirada vietnamita, em 1991, acordada em conferência realizada em Paris. Em 1993, a Organização das Nações Unidas supervisionou a realização de eleições que resultaram no retorno de Sihanouk ao trono em Phnom Penh.

Além das rivalidades milenares já mencionadas, a discordância moderna essencial entre China e Vietnã, durante o período da Guerra Fria, derivou, também, da diferença de avaliação quanto à dinâmica das forças globais que influíam sobre o cenário regional.

Segundo o ponto de vista vietnamita, a política internacional resumir-se-ia à interpretação leninista de que perduraria sempre o conflito bipolar entre as forças reacionárias e o socialismo[29].

Tal visão, evidentemente, coincidia com a necessidade de apoio da União Soviética na luta contra os Estados Unidos. Os chineses, de sua parte, já se haviam convencido de que o auxílio soviético custava demasiado caro, em virtude dos desejos hegemônicos de Moscou. A RPC partia para sua definição dos *Três Mundos*, na qual União Soviética e Estados Unidos eram situados no *primeiro mundo*, em oposição às potências médias e países em desenvolvimento, classificados no segundo e terceiro mundos, respectivamente.

---

[29] Em *The Indochina Tangle – China's Vietnam Policy 1975-1979*, Columbia University Press, New York, 1988, Robert S. Ross estuda, em detalhes, as divergências históricas e mais recentes entre Pequim e Hanói.

Diante do panorama internacional daquele momento, tanto o Vietnã, quanto a China teriam perdido, em grande medida, justificativas que encontravam para suas políticas antagônicas.

Isto é, a partir da política de modernização e sua abertura para o exterior, na década de 1980, a RPC passou a sinalizar seu propósito de que *a principal divisão global moderna* seria aquela entre países ricos e pobres.

Assim, de sua parte, Pequim procuraria trilhar o caminho indicado por países de melhor sucesso na Ásia-Pacífico, como o Japão e a Coreia do Sul. Quanto ao Vietnam, não lhe seria possível continuar na categoria de uma das nações menos avançadas do Sudeste Asiático, enquanto a ASEAN se tornava o fator de modernização econômica, após ter contribuído para a solução do problema cambojano.

A ideologia dominante, a partir de então, seria a do crescimento econômico e, nesse sentido, seria necessário obter moldura política regional estável. As rivalidades históricas seriam deslocadas para a competição dos índices de progresso.

De forma simplificada e pulando detalhes históricos das últimas décadas, chega-se à segunda parte da resposta do Sr. Wei Fenghe durante pronunciamento no Shangri-La Dialogue, realizado em Singapura, no mês de junho passado. Refiro-me, agora, ao atual estágio da complexidade das relações entre a China e o Vietnã.

Nessa perspectiva acelerada, atualmente, o mundo acostumou-se a que anúncios relativos à formação de grandes projetos de integração, na Ásia-Pacífico e seu entorno, sejam feitos pelo e associados ao Presidente Xi Jinping, da República Popular da China.

A declaração do Primeiro-Ministro do Vietnã, Nguyen Xuan Phuc, em 15 de novembro de 2020, contraria essa rotina. Naquela data – segundo noticiado – o líder vietnamita afirmou, na condição de *país anfitrião* de cúpula *on-line*: "Tenho o prazer de dizer que, após oito anos de trabalho duro, a partir de hoje, concluímos oficialmente as negociações da RCEP (Parceria Regional Econômica Abrangente) para a assinatura".

Segundo Phuc, a conclusão das negociações da RCEP envia uma mensagem forte ao mundo, ao "reafirmar o papel de liderança da Associação de Nações do Sudeste Asiático (Asean) em defesa do multilateralismo". "O acordo apoia o sistema comercial multilateral, criando uma nova estrutura na região, permitindo a facilitação do comércio sustentável, revitalizando as cadeias de abastecimento interrompidas pela Covid-19 e ajudando na recuperação pós-pandêmica."

Foi assim oficializada, por conferência virtual, a criação do maior tratado comercial do mundo, que envolve a China e outros 14 países da região Ásia-Pacífico, deixa de fora os Estados Unidos e abarca uma área onde vivem mais de 2,2 bilhões de pessoas. O tratado RCEP abrangerá um terço da atividade comercial do planeta, e os signatários esperam que sua criação ajude os países a sair mais rápido da turbulência imposta pela pandemia do corona vírus. Além dos dez membros da Asean (que inclui, como se sabe, o Vietnã), o tratado abrange China, Japão, Coreia do Sul, Austrália e Nova Zelândia.

Se, no contexto regional, as relações entre a China e o Vietnã parecem direcionar-se para uma era de paz e prosperidade, observadores situados fora da Ásia-Pacífico consideram versões distintas quanto à evolução daquela área.

Assim, por exemplo, *O Conceito Estratégico da OTAN 2022*, publicado em junho passado, descreve os chineses como belicosos. Segundo o documento: "Ambições declaradas e políticas coercitivas pela RPC desafiam interesses, segurança e valores da OTAN. A China emprega amplos instrumentos de caráter político, econômico e militar para incrementar sua presença global e projeção militar, enquanto permanece opaca quanto a sua estratégia, intenções e aumento da capacidade militar."

De sua parte, Henry Kissinger, em recente entrevista, ao referir-se à ascensão chinesa, explica que: "The history of China over thousands of years is that of a country which is dominant in its region by a magnitude. This has created a style of foreign policy where they seek their influence through the scale of their achievement, the majesty of their conduct, reinforced where necessary by military force but not dominated by it."

O ex-Secretário de Estado norte-americano, portanto, compartilha visão mais otimista quanto ao atual papel a ser desempenhado pela RPC em sua inserção internacional. Isto é, "o estilo de sua política externa é o de procurar exercer influência por meio da escala de suas conquistas, através da majestade de sua conduta, reforçada, quando necessário, pela utilização da força, mas não necessariamente pela constante ameaça do emprego de tais meios".

De qualquer forma, de acordo com aquele velho ditado chinês, *todo momento de crise também o é de oportunidade*. Assim, a complexidade das relações sino-vietnamitas se tornou, no mundo atual, em oportunidade para a cooperação.

CHINA E RÚSSIA:
os chineses do Sudeste Asiático e os *russos do exterior próximo*

Rio de Janeiro, em 21 de fevereiro de 2023.

Parece oportuna a reflexão sobre diferenças na evolução das formas de convivência entre a RPC e os chineses que incluem significativa população no Sudeste Asiático (*overseas chinese*), e as *dificuldades nas relações* da Rússia, com países vizinhos onde vivem, como herança da União Soviética, *russos do exterior próximo*.

Isto é, a interação conquistada na antiga área periférica da China[30] aconteceu através de sucessivas *formas de articulação* entre sociedades civis de identidades culturais variadas, ao contrário do ocorrido, por exemplo, na ex-URSS.

A questão da Ucrânia será mencionada, com referências às tentativas de negociação, na moldura dos Acordos de Minsk, na parte final deste artigo.

Assim, o sistema de governança no Sudeste Asiático absorveu influência chinesa, com base em tradições confucionistas. Não se buscou, portanto, a segregação ou mesmo a eliminação de uma ou outra etnia. Assistiu-se, ao contrário, a uma organização regional, não ao redor de blocos ou polos alternativos, mas em redes concomitantes de cooperação, rivalidades e, por vezes, conflito.

Muitos tópicos da agenda de preocupações, daquela região, então vigentes, têm influência no papel agregador que a ASEAN exerce, agora, entre o Sudeste Asiático e demais países da Ásia Pacífico. Essa tese foi expos-

---

[30] Vide livro de minha autoria *A China e o Sudeste Asiático*, Editora da Universidade/ UFRGS, 2000.

ta, por exemplo, em artigo sobre a RCEP[31] (publicado em *Mundorama*, em 14/01/2021 e revisto em 12/12/2022), com a ressalva de que a formação do mais recente agrupamento regional foi anunciada no Vietnam (país membro da Associação) ao invés de em Pequim – que costuma fazer os pronunciamentos de importância regional.

Recorro, a propósito da evolução do relacionamento entre os países daquela região, a conversa, em Jacarta, com Jasuf Wanandi, do Instituto de Estudos Estratégicos Internacionais da Indonésia, em 1994 – período durante o qual a ASEAN começava a consolidar seu papel de força motora e moderadora no Sudeste Asiático.

Naquela ocasião, ouvi longa e prazerosa explicação a respeito do conceito regional sobre *resiliência*, que predominava, então, nas discussões entre centros de estudos naquela parte do mundo.

Wanandi me explicou que: "Resiliência nacional, no plano interno, significa a habilidade de uma nação assegurar a evolução social necessária, enquanto mantém uma identidade própria. No plano externo, é expressa na capacidade de encarar ameaças com características diversas."

A resiliência nacional, portanto, comporta o fortalecimento de todos os elementos que compõem o desenvolvimento de uma nação, incluindo os setores ideológico, político, econômico, social, cultural e militar.

Se cada nação, de um grupo geográfico determinado, desenvolver sua própria *resiliência nacional*, gradativamente, uma *resiliência regional* emergirá. Isto é, os países membros desenvolverão a habilidade de resolver, em conjunto, seus problemas em comum, bem como criarão uma visão de futuro e bem-estar compartilhada.

Esse esclarecimento me foi transmitido por ocasião de périplo realizado por capitais do Sudeste Asiático, Pequim e Hong Kong, por proposta minha e patrocínio do Itamaraty (então sob o comando do Embaixador Celso Amorim, em sua primeira *encarnação* como Chanceler), de primeiro a 25 de março de 1994.

O objetivo do esforço de estabelecimento de vínculos com essas instituições acadêmicas foi o de criar canais de interlocução com aquela parte

---

[31] O tratado RCEP (Parceria Regional Econômica Abrangente, em sua sigla em inglês) abrangerá um terço da atividade comercial do planeta, e os signatários esperam que sua criação ajude os países a saírem mais rápido da turbulência imposta pela pandemia do coronavírus. Além dos dez membros da Asean, o tratado inclui China, Japão, Coreia do Sul, Austrália e Nova Zelândia.

do mundo, onde acontecia evolução econômica e política acelerada. Nesse processo, desenvolvia-se a reflexão sobre estratégia própria, com a utilização crescente de núcleos de pesquisa específicos, como os visitados. Isso acontecia, fosse como reação a desafios de seu próprio desenvolvimento autônomo, fosse como resposta a questões impostas do exterior.

Propostas semelhantes, a propósito, constam de discursos recentes do presidente chinês Xi Jinping, como o que diz respeito a *uma Comunidade de Nações com Destino Comum*.

A Comunidade de Nações com Destino Comum

O conceito da *comunidade de destino da humanidade*, que Xi tem proposto, articularia a experiência chinesa de convívio pacífico e solução negociada de conflitos internos e externos com sua própria concepção de cooperação econômica.

Em seus pronunciamentos, Xi ressalta que "a China, nação com mais de cinco mil anos de história, enfrentou conflitos diversos ao longo dos tempos. A pacificação do Império só foi possível pelo estabelecimento de acordos entre a China e os povos que conviviam no mesmo território. Como resultado, hoje convivem, na China, mais de 50 etnias, 24 idiomas e cinco sistemas de escrita. Há ainda templos budistas, igrejas cristãs e mesquitas por todo o território."

Ainda segundo o dirigente da RPC, "essa experiência aplicou-se também no nosso tempo, especialmente na questão dos territórios de Hong Kong e Taiwan, onde funcionam sistemas diferentes do restante do país, mas mantém-se a unidade nacional por meio de negociações".

"A fórmula *um país, dois sistemas* vem permitindo o convívio pacífico apesar das diferenças e de alguns retrocessos, como a atual hostilidade da presidente de Taiwan, eleita pelo Partido Progressista. É certo que a parte continental da China teria meios suficientes para submeter as ilhas pela força. Mas essa via não é do interesse do Estado chinês, que mantém o entendimento de que a ação militar é sempre a pior solução."

A economia tem papel destacado no conceito de comunidade de destino da humanidade: "ao contrário dos países imperialistas" (uma vez que a China sofreu, no século 19 e primeiras décadas do século 20, com a ação imperialista de europeus, japoneses e estadunidenses, que invadiram e dividiram seu território para explorar seu povo), que impõem seus próprios termos para o comércio entre as nações, o gigante asiático propõe a cooperação econômica de tipo *ganha-ganha* com países em desenvolvimento.

No momento, a China está expandindo seus interesses por acesso a recursos naturais e a novos mercados, ao Pacífico Ocidental, ao redor da periferia dos países do Sudeste Asiático, e ao sul da Ásia, bem como em direção à Ásia Central e crescentemente sobre o continente eurasiano.

Com respeito ao relacionamento da RPC com o Sudeste Asiático, Pequim formula discurso com o realce de laços históricos que têm sido capazes de garantir a inserção internacional chinesa atual em universo de influência cultural do antigo *Império do Centro*. Procura, então, dar versão benigna às viagens do Almirante Zheng He, ocorridas há 600 anos, aos mares austrais do continente asiático.

Quanto à Ásia Central e Eurásia, registram-se formulações quanto ao ressurgimento de uma Nova Rota das Sedas. Assim, a China está empenhada na frenética construção de ferrovias, estradas e dutos para a importação de recursos energéticos, através da Eurásia. Tais vias de transporte substituirão as caravanas de camelos da antiga Rota das Sedas. Da mesma forma, a moderna Marinha da RPC substitui a frota de Zheng He, nas costas da África e do Mediterrâneo.

O objetivo é estabelecer um fluxo de livre comércio e futura integração internacional de mercados. Com essa iniciativa, a China almeja novas oportunidades de comércio, estabelecendo *network* de integração e cooperação (*conectividade,* para empregar o termo preferido de seu governo atual) com vários países que se dispuserem a participar.

Assim se materializaria a *iniciativa de um cinturão e uma rota*, lançada por Pequim, em 2013, ambicionando a modernização da massa terrestre eurasiana, onde vive (incluindo chineses e indianos) cerca de sessenta por cento da população mundial. Ademais, tendo em vista a fragilidade do sistema de poder internacional vigente, o projeto de *Belt and Road* poderia indicar um novo ordenamento nas relações entre os países a serem incluídos.

Os dirigentes chineses pretendem, de qualquer forma, resgatar as referidas expedições marítimas históricas como registro de suas *intenções pacíficas* e exemplo da permanente busca de *harmonia* – em oposição a *hegemonia* – nas relações da China com seus vizinhos ao sul de suas fronteiras. O Partido Comunista Chinês (PCC), portanto, se esforça, tanto no plano interno, quanto no das relações com o exterior, no sentido do convencimento de que, em todos os momentos de emergência do país – há 600 anos, como agora – a China pode ser forte, sem representar ameaça regional ou mundial.

Moscou e os *Russos do Exterior Próximo*

São distintas da situação dos *overseas chinese*, no entanto, as relações entre Moscou e pessoas que conservam a identidade cultural russa, em países vizinhos, ex-integrantes da URSS. Desnecessário lembrar que, ao contrário do deslocamento de chineses para o Sudeste Asiático, resultado de ações da sociedade civil[32] e ocorrido há centenas de anos, os *russos do exterior próximo* foram estabelecidos por decisão do Governo em Moscou, no século passado, a partir da criação da União Soviética.

Existiria, a propósito, uma *visão de futuro* que *sugeriria* novos vínculos para um espaço pós-soviético, seguindo caminho no sentido de uma *União das Repúblicas do Exterior Próximo*.

Isto é, o Presidente Vladimir Putin, em documento publicado em 2008, propôs "Um novo projeto de integração para a Eurásia: o futuro que nasce hoje". Sugeria, em suma, algo mais parecido com roteiro de um bem-organizado retorno a *passado saudoso* (para ele) do que movimento em direção a objetivo inovador.

Como se sabe, durante a existência da URSS, Moscou dirigia todos os detalhes da organização político-socioeconômica das Repúblicas Soviéticas. A réplica desse mesmo projeto permeia a referida proposta do Presidente da Federação Russa.

Assim, Vladimir Putin retomava, com o conceito da União Eurasiática, a defesa da fusão de mecanismos de integração existentes, com vistas à criação de um polo de poder no mundo contemporâneo, com sede na capital russa, situada cartograficamente entre a Europa e a região da Ásia e do Pacífico.

O líder russo revelava que a meta era chegar a *patamar superior de integração*. Na prática, isso significaria a reconstrução de relações com *países do exterior próximo*, que integraram tanto o Império Russo, quanto a União Soviética.

---

[32] Reitero referência a livro de minha autoria: *A China e o Sudeste Asiático*, já citado em item anterior.

O processo desordenado e irresponsável como foi dissolvida a União Soviética, em 1991, a propósito, provocou turbulências além das ora sofridas na Ucrânia, bem como temidas em outras ex- Repúblicas que pertenceram à URSS, como a Moldova, Lituânia, Estônia e Letônia. Em todos esses Estados que se emanciparam de Moscou, permaneceram cidadãos que utilizam o idioma russo e são chamados, pelo Presidente Putin, como *exterior próximo*.

A forma de governança adotada a partir da criação da União Soviética, como se sabe, não favoreceu o florescimento de ideologias em competição entre si, no âmbito de fronteiras definidas no período pós-independência, em 1991. Havia que prevalecer, segundo essa maneira de pensar, apenas o conjunto de ideias-forças definidas pelas autoridades centrais. Esse processo facilitaria o congelamento de lideranças que, *à maneira antiga de pensar*, não admitia contestação.

Como resultado, esse sistema autoritário permeou as estruturas básicas desses novos Estados, ainda sob influência do estilo de governança soviético, e facilitou, em certa medida, que projetos de poder pessoais viessem a ser consolidados.

Lembra-se que, durante a existência da URSS, enquanto novas *Repúblicas*, traçadas a partir de Moscou, foram se consolidando, classes dirigentes fortaleceram-se com métodos de governança soviéticos, tais como julgamentos e execuções sumários, e *desaparecimentos*.

Na medida em que essas *modalidades de controle social* iam se incorporando aos hábitos locais, vínculos de cumplicidades congelavam elites que se mantinham no poder, às custas do emprego da violência contra seus próprios nacionais e minorias de *russos do exterior próximo* (inclusive na Ucrânia, conforme será mencionado na sequência deste Capítulo).

Crises atuais, como a da invasão militar da Ucrânia e o *conflito congelado no Cáucaso* (entre Armênia e Azerbaijão), têm sua origem na forma desordenada como ocorreu o processo de desintegração da União Soviética. Na medida em que o mecanismo ideológico que a sustentava desapareceu, sobreviveram rivalidades criadas e consolidadas pelo modelo de governança stalinista.

Este privilegiava lideranças das chamadas *repúblicas soviéticas* que, após o desaparecimento da URSS, insistem em defender prerrogativas próprias que lhes foram outorgadas pelo *velho regime*.

Tais privilégios diziam respeito, principalmente, ao conceito de *autodeterminação*, que veio a provocar o surgimento de *repúblicas soviéticas* –

etapa intermediária para a consolidação do socialismo – com capacidade de decisões próprias, com o emprego, até mesmo, de forças armadas a sua disposição.

O objetivo final, após aquele período, seria a inserção de todos esses minigovernos na moldura de governança maior da então poderosa União Soviética. A etapa posterior ocorreria com a universalização do poder do proletariado. A dialética marxista garantiria que, com o *desaparecimento da luta de classes*, as referidas repúblicas se dissolveriam, em favor do interesse maior compartilhado por todos, "ansiosos por serem conduzidos ao comunismo".

Nessa perspectiva, a origem dos problemas que ainda permanecem nas antigas Repúblicas Soviéticas encontra-se na complexa interpretação stalinista sobre o significado de *nação*.

Em termos reconhecidamente simplificados, é possível entender que, para aquele líder soviético, caberia distinguir nação de raça, tribo, grupo linguístico ou pessoas que simplesmente habitassem o mesmo território.

A nação, segundo ele, seria uma comunidade que teria "evoluído historicamente e se tornado estável". Tal conceito poderia ser definido em termos de uma cultura comum, a incluir "idioma, território, vida econômica e características psicológicas semelhantes".

Coerente com o raciocínio do *materialismo histórico*, Stalin identificaria, como contradição principal, o surgimento do nacionalismo, principalmente como resposta à opressão por algum outro grupo social. Isto é, a consciência nacional – da mesma forma que a de classe – surgiria em função da circunstância de que uma comunidade nacional se encontrasse subordinada a outra.

A diferença entre o conceito stalinista de nação e o pensamento *burguês* sobre o tema seria, que, para este "o nacionalismo seria o caminho para a guerra e o imperialismo". Para os seguidores do líder soviético, no entanto, apenas um sistema político, que permitisse a nações exprimirem seu desejo de autodeterminação evitaria conflitos e eliminaria a burguesia do poder. Tal autodeterminação, contudo, deveria ser claramente percebida como sendo "em benefício dos interesses do proletariado".

Dessa forma, por exemplo, não seria permitido a líderes religiosos reivindicarem autodeterminação de uma área, apenas para satisfazer anseios de muçulmanos ou cristãos. "Os interesses dos trabalhadores, como um todo, deveriam ser levados em conta para obter o benefício em questão."

Seria a conveniência da promessa de estabilidade – cabe ressaltar – oferecida pela proposta de Putin que agradaria autoridades dessas ex-Repúblicas Soviéticas. Afinal, acena-se com um *patamar superior de integração* com a reconstrução das relações com os países do *exterior próximo*, que integravam o Império Russo e a URSS.

O *encanto* desse projeto vem sendo diluído há cerca de um ano pela *intervenção* russa na Ucrânia. Outros países que integraram a URSS passaram a temer o mesmo destino.

Assim, cabe não esquecer quais eram os objetivos originais de Moscou, no sentido de projetar imagem positiva de uma *Federação de Nações do Exterior Próximo*. Na prática, tratava-se de reviver o antigo Império Russo.[33]

A Questão da Ucrânia e os Acordos de Minsk

A atual questão da Ucrânia é o exemplo maior de tragédia criada em país vizinho da Rússia, como resultado da forma desordenada como aconteceu a *implosão* da União Soviética e a presença de *russos do exterior próximo*, em território ucraniano.

Para a solução do conflito, foram concebidos os Acordos de Minsk. Assinados em 2014 e 2015 por representantes de Ucrânia, Rússia, França, Alemanha e das chamadas *Repúblicas Populares de Donetsk e Lugansk*, onde predominavam *russos do exterior próximo*. Os referidos documentos não conseguiram solução pacífica para o conflito em Donbass, na fronteira russo-ucraniana.

---

[33] Em *Os EUA e o Colapso da Ordem Mundial, 1900–1941*", o historiador Robert Kagan, da Brookings Institution afirma, que "Teóricos de relações internacionais nos ensinam a considerar *interesses* e *valores* como elementos distintos, com a ideia de que, para todos os países, os *interesses* – preocupações materiais, como segurança e bem-estar econômico – necessariamente assumem primazia sobre os valores. Mas não é assim, na realidade, como as nações se comportam. A Rússia após a Guerra Fria desfrutou de mais segurança em sua fronteira ocidental do que em qualquer outro momento na história, mesmo com a expansão da Otan. Mas Putin tem se mostrado disposto a tornar a Rússia menos segura para cumprir as ambições tradicionais da grande potência russa, ambições que têm mais a ver com honra e identidade do que com segurança". Citado por Thomas Friedman, 06/02/2023.

Em 22 de fevereiro de 2022, dois dias antes de começar sua *operação militar especial*, Moscou reconheceu a *independência* de Donbass e Putin esclareceu que a medida fora adotada porque Kiev afirmara publicamente que não cumpriria os Acordos de Minsk.

Lembra-se que, em fevereiro de 2014, o governo democraticamente eleito da Ucrânia fora derrubado pelo chamado movimento Euromaidan, que teria sido apoiado por potências ocidentais. O golpe desencadeou um conflito sangrento nas regiões orientais do país, onde parte da população – predominantemente de expressão russa – recusou a nova liderança de Kiev. Formaram-se, então, as Repúblicas Populares de Donetsk e Lugansk (RPD e RPL, respectivamente).

Kiev, então, tentou subjugar rapidamente as repúblicas recém-formadas por meios militares, sem sucesso. Não tendo conseguido vitória decisiva no campo de batalha, visto o apoio militar da Rússia aos dissidentes e o apelo das potências europeias por uma solução pacífica para o conflito, a Ucrânia recorreu a negociações. Estas foram dificultadas pela relutância do governo ucraniano em falar diretamente com os líderes da RPL e RPD.

Foram, então, formados o Grupo de Contato Trilateral sobre a Ucrânia, composto por Kiev, Moscou, Organização para Segurança e Cooperação na Europa (OSCE) e o Formato Normandia, incluindo Ucrânia, Rússia, Alemanha e França. Chegou-se, assim, ao que ficou conhecido como os Acordos de Minsk, por terem as negociações sido realizadas na capital bielorrussa, considerada um terreno neutro.

O primeiro desses acordos, o Protocolo de Minsk, foi assinado em 5 de setembro de 2014. Diante da ausência de resultados positivos, foi realizada nova versão, conhecida como Acordos de Minsk-2, assinada em 12 de fevereiro de 2015.

O acordo Minsk-2 foi firmado durante uma reunião do Formato da Normandia, que incluiu o presidente russo, Vladimir Putin, a então Chanceler alemã Angela Merkel, o então presidente francês, François Hollande, e o então presidente ucraniano, Pyotr Poroshenko.

As partes prometeram: cessar-fogo e retirar suas forças da linha de contato; a presença de armas pesadas na área da zona-tampão foi estritamente proibida; os sistemas de foguetes de lançamento múltiplo Uragan e Smerch, bem como o sistema de mísseis balísticos de curto alcance Tochka, deveriam ser retirados a 70 km da linha de contato; observadores da OSCE deveriam monitorar a implementação dessas regras; além da troca de prisioneiros de acordo com o princípio *todos por todos*, os lados foram obrigados a realizar a anistia dos capturados durante os confrontos armados; o lado ucraniano também deveria adotar a lei sobre o *status* especial dos distritos separados de RPL e RPD e realizar eleições locais, levando em consideração o posicionamento dos representantes de ambas as repúblicas de Donbass. No dia seguinte às eleições, Kiev deveria assumir o controle total da fronteira estatal ucraniana; além disso, os Protocolos de Minsk estipulavam a implementação de uma reforma na Ucrânia, que previa a introdução de um conceito de descentralização na Constituição do país, que deveria ter levado em consideração as especificidades de "certos distritos das regiões de Donetsk e Lugansk".

Segundo Moscou, contudo, nos últimos cinco anos, "o lado ucraniano simplesmente se absteve de implementar as cláusulas políticas dos Acordos de Minsk, exigindo, em vez disso, que o controle da fronteira entre os territórios da RPL e RPD fosse entregue primeiro a Kiev".

Essas exigências, no entanto, foram rejeitadas pelas autoridades das ditas repúblicas e por Moscou, que suspeitava que, uma vez que as forças ucranianas assumissem o controle da fronteira e isolassem efetivamente as repúblicas do mundo exterior, Kiev poderia então tentar esmagar toda a oposição por meios militares.

A RPD e a RPL, assim como a Rússia, também acusaram o governo ucraniano de ocupar assentamentos ilegalmente na zona-tampão e de colocar equipamento militar pesado na região.

A situação foi ainda mais agravada pelo fato de que as potências ocidentais repetidamente fecharam os olhos à recusa de Kiev em aderir aos Acordos de Minsk, ao mesmo tempo em que repreendiam constantemente a RPD e a RPL por supostas violações dos mesmos acordos.

Em 21 de fevereiro de 2022, Putin assinou um decreto para reconhecer a independência das repúblicas de Donbass, que mais tarde "se tornaram parte da Rússia". A iniciativa resultou em ataques ucranianos crescentes de bombardeios e sabotagem contra a RPL e a RPD. O decreto foi seguido por anúncio de Putin quanto ao início de uma "operação militar especial russa" na Ucrânia em 24 de fevereiro.

Experiências pessoais

Durante os nove anos em que servi no Sudeste Asiático (1986 a 1995), notei que eram cordiais as relações sociais entre pessoas de origem chinesa e malaios e hindus (outros grupos predominantes).

Mesmo diante do conceito de *resiliência*, explicado acima, verificava-se, contudo, uma certa tensão latente, quando um grupo ou outro sentisse que sua *identidade cultural* fosse ofendida.

Parti de Minsk antes da invasão russa da Ucrânia, não podendo, portanto, atestar sobre o relacionamento entre os nacionais dos dois países, a partir de então.

Como Embaixador em Baku, contudo, registrei, em diferentes ocasiões, que após reuniões tensas e agressivas, entre armênios e azeris, havia aparente confraternização entre os delegados dos dois países. Isso porque, tratando-se de povos originalmente voltados para atividades pastoris (criação de ovelhas), houvera interação frequente, em virtude de deslocamentos de seus respectivos rebanhos ao território vizinho.

Daí as pessoas se conhecerem, possuírem laços familiares e terem cultivado laços de *parceria*. A criação das Repúblicas Soviéticas, conforme se procurou demonstrar, os separou, com o fortalecimento de elites, que herdaram privilégios, concedidos pelo período de dominação da URSS.

De qualquer forma, proponho um *ganbei* (*saúde*, em chinês) aos que se expressam nesse idioma no Sudeste Asiático e uma *nasdrovia*, (em russo) como forma de brindar e preservar sua convivência ou encerrar conflito com a potência maior de suas respectivas regiões.

Conversar é preciso.

Jogando tênis em Pequim, em 1983.

Em visita à Tailândia, em 1984.

Com time de futebol, em Manila, em 1993.

Durante inverno na Belarus, seu último posto como Embaixador, em 2019.

O autor jogando tênis contra adversário russo, em Minsk, em 2018.

CHINA-RÚSSIA:
parceria em *Um mundo de desordem sob os céus*

Rio de Janeiro, em 3 de abril de 2023.

A *parceria sem limites*, recentemente estabelecida entre Rússia e China, seguida por visita de Xi Jinping a Putin, coloca Moscou – segundo a visão de alguns – como *junior partner* de Pequim, em eventual ordenamento mundial que venha a ter as duas capitais como atores relevantes.

Este exercício de reflexão, ao reiterar argumentos já apresentados, visa a lembrar passado recente, durante o qual ocorreu cisma sino-soviético, que permite duvidar de *ausência de limites* para a parceria atual.

Isto é, entre 1982 e 1985 – período em que servi na capital chinesa –, o cenário internacional era bipolar, com centros de poder em Washington e Moscou. Segundo classificação adotada no Ocidente, o planeta era dividido em *Três Mundos*: os países industrializados de economia de mercado eram incluídos no Primeiro Mundo; os de sistema econômico centralmente planificado participavam do Segundo; e os em desenvolvimento eram despachados para o Terceiro.

Durante a fase maoísta, no entanto, os chineses tinham uma visão própria do globo terrestre. Este estaria dividido em duas partes antagônicas – a metade que apoiava o bloco soviético e a outra que se opunha, incluindo a China. A política externa da RPC seguia essa rigidez, baseada no pressuposto de que qualquer coisa que pudesse prejudicar os interesses de Moscou, seria favorável a Pequim.

Sob a nova liderança de Deng Xiaoping, com a adoção de mudanças na política interna, tornou-se mais pragmática também a postura chinesa no plano externo. Este *último grande timoneiro do século XX* – como se referem a ele alguns historiadores – defendera, a respeito, teoria própria quanto à existência de *Três Mundos*.[34]

Em discurso pronunciado na Assembleia Geral das Nações Unidas, em 10.04.1974, Deng, então Vice-Primeiro-Ministro da RPC, elaborara sobre o conceito, afirmando que: "No momento, a situação internacional é mais favorável aos países em desenvolvimento e aos povos do mundo. Mais e mais, a velha ordem sustentada pelo colonialismo, imperialismo e hegemonismo está sendo destruída e abalada em suas fundações. Relações internacionais estão mudando drasticamente. O mundo todo está em estado de turbulência e inquietação. A situação é a de *grande desordem sob o céu*, como a descrevemos, nós, os chineses. A *desordem* é a manifestação do agravamento das contradições básicas do mundo contemporâneo. É a aceleração da desintegração, do declínio e da decadência de forças reacionárias e o estímulo do despertar e do crescimento de novas forças populares."

Segundo Deng, naquela situação de *grande desordem sob o céu*, todas as forças políticas do mundo sofreram divisões drásticas e realinhamento através de prolongados testes de força e conflitos. Grandes números de países asiáticos, africanos e latino-americanos conseguiram a independência, sucessivamente, e estavam desempenhando papel cada vez mais importante em assuntos internacionais. Como resultado da emergência do *socioimperialismo* (que delícia de termo para descrever a hegemonia soviética sobre seus *satélites*), o campo socialista, que existia após a Segunda Guerra Mundial, não mais perduraria, no momento de seu discurso.

O *último grande timoneiro* afirmava, ainda, que devido à lei do *desenvolvimento desigual do capitalismo*, o bloco imperialista ocidental, também, estava se desintegrando. "A julgar pelas alterações nas relações internacionais, o mundo atual consiste em três partes, ou três mundos, que são tanto interconectados, quanto contraditórios. Os Estados Unidos e a União Soviética formam o Primeiro Mundo. Os países em desenvolvimento na Ásia, África e América Latina integram o Terceiro Mundo. Os desenvolvidos – sejam os do mundo capitalista ou do socialista – formam o Segundo Mundo" esclarecia.

De acordo com seu ponto de vista "as duas superpotências, Estados Unidos e União Soviética, procuram, em vão, conquistar a hegemonia mundial.

---

[34] Chi Hsin. *Teng Hsiao-Ping, a Political Biography*. Cosmos Books. Ltd. 1978.

Cada uma busca, ao seu estilo, trazer os países do Terceiro Mundo a sua esfera de influência, assim como aqueles que, mesmo desenvolvidos, não são capazes de se opor aos desígnios de Washington e Moscou."

Verificava-se, nessa perspectiva, que, enquanto a liderança chinesa alterava seu discurso para justificar as mudanças no plano interno, nova retórica era aplicada, também, no patamar externo. Pequim, explicaria, a partir de termos inovadores, sua inserção no cenário internacional.

Não caberia mais um mundo dividido em duas partes – "a URSS socioimperialista de um lado, e o resto do mundo, incluindo a RPC, no outro". Era mais conveniente pensar naquela outra divisão, que colocaria a China, com suas práticas modernizantes internas, liderando um Terceiro Mundo, contra a hegemonia de Washington e Moscou.

Assim, para justificar o projeto de modernização no plano interno, nova tipologia era aplicada no patamar externo. Pequim assim buscava explicar, a partir da cunhagem de novos conteúdos para os três mundos, sua inserção no cenário internacional.

Em outras palavras, não mais caberia um mundo dividido em duas partes – "a URSS socioimperialista de um lado, e o resto do mundo, incluindo a RPC, no outro". Era mais conveniente pensar a partir daquela outra divisão, que colocava a China, com suas práticas modernizantes internas, liderando um Terceiro Mundo em oposição à hegemonia de Washington e Moscou.

Cabe lembrar, a propósito, as razões da ruptura entre Pequim e Moscou na década de 1960. O cisma já existiria, de acordo com estudiosos do assunto, desde a década de 1930. Segundo consta, o Partido Comunista da União Soviética desejara controlar o Partido Comunista Chinês, numa variante do exercício que fazia com partidos comunistas de outros países.

Durante o período da Guerra Fria, os dirigentes soviéticos persistiram nesses esforços. Entre as preocupações russas estava o desenvolvimento da bomba atômica chinesa.

De acordo com especialistas no assunto, as relações bilaterais foram realmente prejudicadas na década de 1960, quando Nikita Khushchev iniciou o processo de *desestalinização* da URSS, bem como a aproximação da União Soviética com o Ocidente. Isso porque, segundo a visão de Pequim, avanços tecnológicos como o lançamento do primeiro Sputnik em 1957 indicavam o fortalecimento do mundo socialista. De acordo com o linguajar da época, "o vento que vem do leste prevalece sobre o que vem do oeste". Nesse contexto, seria importante para Mao que houvesse maior militância contra a parte ocidental do planeta, não o contrário, como estariam indicando as ações de Moscou.

Pequim demonstrara paciência com Moscou, na medida em que dependia do auxílio da URSS para levar avante a transição do país para o socialismo. Entre 1958 e 1960, no entanto, foram desencadeadas na China as desastrosas políticas do *Grande Salto para Adiante* e os conselheiros russos se retiraram, numa demonstração do profundo descontentamento de Moscou com as reformas propostas pelos chineses.

Em suma, o cisma sino-soviético ocorreu "em nível ideológico, militar e econômico" pelas mesmas razões: para a liderança chinesa a conquista da autossuficiência e da independência era prioritária, em comparação com os benefícios a serem recebidos dos russos, os chineses na condição de parceiros menores.

Lembra-se que Mao fizera a revolução para livrar a China de mais de um século de domínio estrangeiro. Caso aceitasse a submissão à URSS estaria negando sua própria conquista. Na década de 1960, agravaram-se as divergências. A China decidiu reabrir disputas fronteiriças, questões acertadas com a Rússia Imperial. Após malsucedidas negociações, em 1964 a União Soviética iniciou processo de fortalecimento dos exércitos nas áreas mais próximas da RPC.

As relações entre os dois países permaneceram tensas, tanto que em 1969 chegou-se a pensar que a guerra entre ambos os países seria inevitável. Pequim e Moscou passavam de estado de hostilidade à ameaça de confrontação. O *fator soviético*, portanto, passara a ocupar lugar dominante no pensamento maoista quanto à forma de adequadamente inserir o país no sistema internacional.

No que diz respeito a sua inserção internacional, em retrospectiva, pode-se defender haver sido melhor para os chineses terem se afastado dos russos. Caso contrário, possivelmente o país teria seguido o modelo soviético, transformando-se em potência fortemente industrializada e militarizada. Tornar-se-ia, num cenário-limite, em mais um membro do Pacto de Varsóvia, condenado a seguir o caminho da falência da URSS ao término da Guerra Fria.

Possivelmente, na vigência desse cenário não teriam ocorrido na China as reformas voltadas para a construção da *economia socialista de mercado*, hoje tão bem-sucedidas.

AS RELAÇÕES DA RPC COM PAÍSES VIZINHOS AO SUL

Em meados da década de 1986, Deng visitou Tailândia, Malásia e Singapura, enquanto repetia as denúncias contra os *esforços de dominação* da URSS em direção ao Sudeste Asiático, com o auxílio de seu aliado vietnamita.

A China se esforçava para denunciar "as manobras do esforço soviético de dominação ideológica". Daí – conforme se procurou explicar acima – Pequim reafirmava sua tese dos *Três Mundos*: o primeiro, dividido pelos EUA e URSS, que constituiriam ameaça à paz mundial; o segundo, incluindo os países industrializados do Ocidente e o Japão; e o terceiro, que seguiria a liderança da China.

Notava-se, contudo, que tal rigidez doutrinária tornava-se, gradativamente, menos convincente, na medida em que Deng passou a favorecer as relações entre Pequim e Washington. A visão chinesa da *desordem sob os céus* passava a refletir uma bipolaridade entre os Estados Unidos e a União Soviética. Isto é, ao se incluir como simpática a Washington – *nós* contra Moscou.

Os dirigentes da RPC persistiam nos jargões ideológicos, aplicando terminologias marxistas aos líderes da URSS – que passaram a ser denunciados como *revisionistas* e agentes do *imperialismo soviético*.

Aos poucos, contudo, a *retórica comunista* deixou de ser utilizada, para definir *diferenças ideológicas*. Doravante, Moscou seria a sucessora de ambições *tzaristas*, em busca da *hegemonia sobre a Ásia*. O vocabulário ideológico tornava-se irrelevante, substituído por acusações de *dominação territorial*.

A inovação da narrativa chinesa sobre o que acontecia na Ásia passou, então, a contaminar outros países da região. Como se sabe, algumas nações, que se tornaram independentes na década de 1960, adotaram *princípios socialistas*, inspiradas pela própria China.

Nessa perspectiva, países que se emanciparam de potências coloniais, no período pós-guerra mundial, haviam adotado "normas igualitárias de organização social e formas de governo centralmente planificadas". Teorias anunciadas por Pequim ensinavam que *rebelar-se é justificável*, assim como as explicações apresentadas para a pobreza das antigas colônias, em termos de exploração de seus recursos naturais e mão de obra barata, serviam como inspiração para a luta contra as metrópoles europeias.

Daí a adoção, pelos novos países independentes, de políticas de expropriação de empresas estrangeiras, a nacionalização de setores vitais da economia e a "divisão da riqueza nacional entre a maioria da população explorada pelo Capitalismo".

Nas décadas seguintes, contudo, essas nações testemunharam sucessivas derrotas do sistema socialista, no sentido de promover reformas para alcançar a industrialização e o desenvolvimento. Eram exemplos: a permanência da estagnação na República Popular da China; o desastre econômico provocado por políticas socialistas na Indonésia de Sukarno; na Birmânia de Ne Win; e na Coreia do Norte de Kim Il Sung. Começava-se a pensar menos em ideologia e mais em medidas pragmáticas, para alcançar o progresso e manter no poder os governos vitoriosos na luta pela independência.

Ademais, o conceito de *internacionalismo socialista* fora fatalmente atingido pelo cisma sino-soviético da década de 1960 e enterrado em fevereiro de 1979, quando a China lançou seus exércitos através das fronteiras com o Vietnam, com o objetivo de *ensinar uma lição* a seu pequeno vizinho recalcitrante.

A reivindicação chinesa de liderança pacífica sobre o *Terceiro Mundo* se diluiu, como consequência de seu ataque contra um país que, havia pouco tempo, tinha enfrentado a maior potência militar mundial e derrotado o *imperialismo norte-americano*.

Enquanto isso, a China, na década de 1980, continuava a encorajar, no Camboja, as provocações de Pol Pot contra o Vietnam. Tal esforço a favor do regime cambojano monstruoso então no poder erodia ainda mais o prestígio de Pequim nas demais capitais do Sudeste Asiático, já assustadas com a guerra dos chineses contra os vietnamitas.

A propósito, lembro que – enquanto servia em Pequim, entre 1982 e 1985 –, considerava-se que a RPC nada faria para contribuir em favor de queda do genocida Pol Plot, com o objetivo de *bleed Vietnam white* (ensanguentar o Vietnam até sua retirada do Camboja).

Era possível concluir, nessa perspectiva, que a ruptura do *mundo socialista* na Ásia Oriental deveria ser atribuída a conflitos entre *nacionalismos*. As disputas entre ideologias políticas ou econômicas ficariam em segundo plano.

Doravante, ficava entendido, a China procuraria "abrir um novo caminho de interação entre países, ditado por diálogos em vez de confrontos, por parcerias em vez de alianças".

O objetivo perseguido pelos chineses naquela parte do mundo seria o de que todas as nações, cada uma com sua forma de governança e organização de mercado próprias, pudessem compartilhar de progresso, sem submissão à hegemonia política ou econômica de vizinho com poder econômico e militar superior.

Atualizando a narrativa, chega-se, hoje, à nova liderança de Xi Jinping sob a qual a China evoluiria para proposta de *comunidade com um futuro compartilhado*. "Nesse cenário, todos os países e povos têm perspectivas estreitamente interligadas e interdependentes".

"Best friends for ever"

Em 4 de fevereiro de 2022, foi assinado, na capital chinesa, o "Comunicado Conjunto da Federação Russa e da República Popular da China sobre as Relações Internacionais em direção a Nova Era e da Sustentabilidade Global do Desenvolvimento". Surgiu a esperança de que, pelo menos naquela parte do mundo, pudesse consolidar-se, em favor da paz e da prosperidade, a *amizade eterna entre Putin e Xi Jinping*.

Foi, então, acordado que "ambas as partes estão procurando avançar em seu trabalho de vincular os planos para o desenvolvimento da União Econômica Eurasiana, patrocinada por Moscou e a iniciativa do Cinturão e da Rota das Sedas, de Pequim, com vistas a intensificar a cooperação prática entre os projetos russos e chineses, de forma a promover maior integração entre a Ásia-Pacífico e a Eurásia".

A *operação militar especial* russa em território ucraniano, no entanto, não tem permitido a melhor definição de tais vínculos...

Ao contrário da diplomacia ocidental, contudo, enquanto os Estados Unidos e a União Europeia têm condenado e punido Moscou pela invasão à Ucrânia, a China não somente reforça a retórica de apoio à Rússia, como propõe uma reformulação da ordem internacional – sem que a ONU seja considerada como o foro para tais discussões.

O porta-voz do Ministério das Relações Exteriores da China, Zhao Lijian, já se referiu ao conflito no Leste da Europa como uma guerra entre a Organização do Tratado do Atlântico Norte (Otan), liderada pelos EUA, e a Rússia, além de exaltar o elo entre Pequim e Moscou.

"Uma importante lição do sucesso das relações entre China e Rússia é que os dois lados se mostram superiores ao modelo da aliança política e militar da era da Guerra Fria e se comprometem a desenvolver um novo modelo de relações internacionais baseado na não aliança, na não confrontação e em não visar terceiros países. Isso é fundamentalmente diferente da mentalidade da Guerra Fria", declarou Zhao.

Reitera-se que o passado recente de inimizades, conforme lembrado acima, lança dúvidas quanto à possibilidade de *parceria sem limites* entre a Rússia e a China, na medida em que um dos países seja considerado *parceiro menor*.

Cabe desejar, no entanto, que *lição de sucesso* a ser oferecida pelo eventual estreitamento das relações entre Moscou e Pequim, não venha a resultar em novos *hegemonismos*.

Isto é, que eventual ordenamento internacional, com participação decisiva de parceria sino-russa, não seja ditado por formas de governança que visem a impor que a segurança e a economia prevaleçam sobre os direitos políticos e civis.

Esta seria uma nova e indesejável *ordem sob o céu*.

O autor em visita à Praça Vermelha, em Moscou, Rússia, em 2011.

O autor em visita ao interior do Azerbaijão, em 2011.

QUESTÃO DA UCRÂNIA:
a *reinvenção da Belarus*
e a *ativação da Comunidade
de Estados Independentes
para a solução do conflito*

Rio de Janeiro, em 15 de junho de 2023.

"Bielorrussos são simplesmente russos, com um selo de qualidade", assim definiu o Presidente Lukashenko, quando perguntado sobre diferenças entre os dois povos, por ocasião da Abertura do Parlamento de seu país, em 2016.

Sua afirmação, naquele momento – quando eu exercia o cargo de Embaixador em Minsk – pretendia indicar *wishful thinking* de que a preservação de valores e formas de governança da época estalinista, ainda em vigor, na Belarus, poderiam mesmo ser o caminho para um plano de integração euroasiática, nos termos propostos pelo Presidente Putin. Nesse processo, parecia acreditar, algumas práticas de organização política e econômica bielorrussas determinariam *modelo civilizacional*, diferente e melhor do que o adotado no *Ocidente*, conforme alardeado pelo líder russo.

Nos dias atuais, contudo, o noticiário que adota críticas ferozes contra *ações selvagens* atribuídas apenas ao exército russo contra populações civis na Ucrânia, não parece indicar que o tal *selo de qualidade* se aplique a *modelo civilizacional*, sequer civilizado.

Em suma, para utilizar expressão em moda "há uma desumanização permanente" da população e cultura russas.

Sugiro, portanto, exercício de reflexão, no contexto dos esforços para resolver a atual questão da Ucrânia, que conviria aos europeus seguir, com respeito à Belarus, abordagem distinta da que vem sendo adotada. Esta seria proposta de esforço para a sua *reinvenção*, como uma *nação neutra*, com relação à Rússia.

Isso incluiria medidas distintas das sanções aplicadas, no momento, contra Minsk, que levam, na prática, o país a tornar-se, cada vez mais, dependente de Moscou.

Talvez, diante dos enormes problemas, perdas e perigos do conflito ucraniano, as *imperfeições da política interna bielorrussa* não seriam tão inaceitáveis, a ponto de impedir que este país seja considerado *parceiro mais chegado* da União Europeia.

Sabe-se que Lukashenko procura tirar proveito da atenção mundial a seu país como situado *na fronteira entre a Europa e a Rússia*, para desempenhar conhecido movimento pendular, que ora favorece aproximação de Bruxelas (onde se situa a União Europeia), ora de Moscou. Busca, neste exercício, fortalecer a soberania de seu país. Em suma, tratar-se-ia de obter a independência definitiva, inclusive desse cansativo jogo de alternância de rumos, em direção a oeste ou leste.

Isto é, a União Europeia apoiaria política de fortalecimento da sociedade civil bielorrussa, como ajuste que favorecesse neutralidade da Belarus em relação à Rússia. Manter-se-ia, assim, prudente maior distância de eventuais pretensões de Moscou, sem esperar, contudo, alterações fundamentais e imediatas no âmbito da política interna bielorrussa.

Segundo esse raciocínio, haveria contribuições europeias para o aprimoramento de instituições bielorrussas com vistas a *nation building* que fortalecesse a sociedade civil, a partir de dinâmica interna, enquanto aumentaria a cooperação com os vizinhos ocidentais. Tal processo aconteceria sem *expectativas irrealistas*, no sentido de pronta liberalização política e econômica desse país.

Assim, ao invés de criticar o regime das arquibancadas, a UE aumentaria gradativamente sua presença em campo, na Belarus. O objetivo seria concentrar-se não apenas em direitos humanos – fundamentais –, mas, de forma mais abrangente, na criação de um arcabouço jurídico eficaz: um melhor regulamento do jogo político interno. Ir além da insistência em mudanças políticas súbitas, investir em melhor governança e no combate à corrupção.

Com esse objetivo, caberiam: programas de cooperação para o fortalecimento do Estado e da identidade nacional, como forma de se contrapor à máquina de propaganda da Rússia; engajamento com a sociedade civil, a quem caberia, em primeiro lugar, reivindicar soberania, democracia e aplicação de leis por um Judiciário soberano; e oferta de ajuda econômica, para a modernização do país e ingresso na OMC, assim como crescentes aportes financeiros do Banco de Investimento Europeu e do Banco Europeu para a Reconstrução e o Desenvolvimento.

Sabe-se que muito interessa a Minsk manter a imagem de ser um centro de negociações, com vistas a conflitos no mundo pós-soviético. No contexto do projeto euroasiático do Presidente Putin, a Belarus desejaria ser *o centro de integração das integrações*.

Sobre o assunto, reitero argumentos propostos na coluna anterior, em 4 de maio passado, sobre o aproveitamento da moldura da *Comunidade de Estados Independentes* – herdeira de países que formaram a URSS – estabelecida, em Minsk, capital da Belarus, em 8 de dezembro de 1991 – antes, portanto, da extinção da União Soviética.

Conforme mencionado no texto de referência, mesmo independentes, 11 antigos membros da URSS decidiram manter vínculos entre si, com o objetivo de estabelecer sistema econômico e de defesa entre antigas repúblicas da União Soviética.

De qualquer forma, existem adormecidos na CEI – sempre repetindo que tem sede na capital bielorrussa – mecanismos de articulação que *eventualmente* poderiam ser acionados no que diz respeito a conflitos entre antigos *camaradas soviéticos*, como o da Questão da Ucrânia. Minsk, nesse contexto, tem sido escolhida, em consenso com países ocidentais, como local para acordos destinados a negociar tais disputas.

Não há protagonismo bielorrusso na busca de solução dos problemas. O papel de facilitador nas negociações, no entanto, eleva o perfil diplomático da Belarus no cenário mundial. Este país, sabe-se, é objeto de sanções internacionais por seu sistema de governo autoritário, que o leva a ser conhecido como *A Última Ditadura da Europa*.

No âmbito da Comunidade de Estados Independentes, foi assinada, em 15 de maio de 1992, a Organização do Tratado de Segurança Coletiva por Armênia, Cazaquistão, Quirguistão, Rússia, Tajiquistão e Uzbequistão, na cidade de Tashkent. O Azerbaijão assinou o tratado em 24 de setembro de 1993, a Geórgia em 9 de dezembro de 1993 e a Belarus em 31 de dezembro de 1993. O tratado entrou em vigor em 20 de abril de 1994.

Sua fundação reafirmava o desejo dos Estados participantes em se abster do uso ou ameaça da força. Os signatários não poderiam aderir a outras alianças militares – como a OTAN – ou outros grupos de estados, enquanto a agressão contra um signatário seria percebida como uma agressão contra todos.

A título de reforço do papel que poderia ser exercido por Minsk, o momento atual na Europa Central sugere reflexão sobre os diferentes vínculos entre Belarus e Ucrânia com a Rússia. Nessa perspectiva, busca-se identificar razões para que, após centenas de anos de história, cultura e valores compartilhados, bielorrussos e ucranianos tenham seguido, no momento, caminhos tão diferentes no relacionamento com os russos.

A despeito de período inicial de flerte com *o caminho europeu ocidental*, no início da década de 1990, Minsk decidiu que seu futuro seria mais promissor com o retorno de fortes laços econômicos, políticos e culturais com a Rússia.

Nesse sentido, em 1996, Rússia e Belarus assinaram acordo para a formação de uma União de Estados, visando à reintegração de ambas, em todos os níveis, conforme prevalecera durante a existência da URSS.

No que diz respeito à percepção da história recente, para utilizar a linguagem folclórica da Russian TV, "Belarus has zero tolerance for the rehabilitation of Wartime Nazi Collaborators". Neste ponto, parece haver sintonia entre os livros escolares bielorrussos e os da Rússia, no sentido de que "covardes e colaboradores com os invasores nazistas devem permanecer condenados como traidores".

Isto é, a Belarus, mesmo durante o árduo período de reconstrução nacional, após a dissolução da União Soviética, reprimiu qualquer tentativa local de analogia entre *nacionalismo* e movimentos colaboracionistas durante a Segunda Guerra. A expressão maior desse processo foi a decisão, apoiada por referendo popular, de – uma vez independente da URSS – não ser preservada a bandeira utilizada por *colaboradores* com os nazistas. Criou-se, então, uma nova versão do símbolo nacional, com as cores branca, vermelha e verde, adotadas pela antiga República Bielorrussa Soviética, sem a *foice e o martelo*.

Desenvolvimento algum com essas propostas é identificada, como se sabe, na Ucrânia.

Cabe assinalar que, em praça de Minsk, dedicada à vitória na *Grande Guerra Patriótica* (Segunda Guerra Mundial, conforme denominada na antiga URSS), tremula, ainda, uma bandeira da antiga União Soviética, em demonstração de reconhecimento às forças militares que libertaram a Belarus da invasão nazista. Segundo consta, nem mesmo na Rússia, hoje, seria ainda visto hasteado o pavilhão vermelho com a foice e o martelo.

A propaganda oficial do governo de Lukashenko busca explicar, ademais, o *reduzido fervor revolucionário* da população local, em comparação com a *natureza exaltada*, por exemplo, de seus vizinhos ucranianos.

Assim, noticiários de seus canais de televisão exibem frequentes reportagens sobre como visitantes russos se admiram com a existência, na Belarus, de um povo *disciplinado, calmo e organizado*. Ressaltam, também, o contraste entre uma agricultura bem cuidada, do outro lado da fronteira, e um setor menos organizado no território russo.

Essa *natureza pacífica* estaria refletida – sempre de acordo com a versão oficial – em fatos como o de que, ao contrário de fortes oscilações políticas ocorridas em seus vizinhos eslávicos – Rússia e Ucrânia – a Belarus, mesmo tendo sido signatária do Acordo de Belavezha, em 1991, que dissolveu a URSS, elegeu Alexander Lukashenko à presidência, em 1994, apesar de ter sido ele "o único membro do antigo Parlamento Soviético Bielorrusso" a votar contra a dissolução da antiga União Soviética.

Essa contradição, entre o impulso inicial independentista e, na sequência, a subida ao poder de alguém que veio a optar, em 1996, por uma União de Estado com a Rússia é um diferencial da Belarus no âmbito das ex-Repúblicas Soviéticas.

Como prova adicional da *vocação conciliatória* de seu povo, governantes locais ressaltam que, enquanto o entorno regional foi marcado por *revoluções coloridas*, em 2005 e 2006, poucas *inquietações políticas* ocorreram, até então, em solo bielorrusso. Em 2011, após a reeleição de Lukashenko *protestos moderados* e forte repressão não chegaram a alterar a vida política do país. A respeito, o Presidente garantiu que "qualquer tentativa de derrubar seu governo seria combatida". Forte repressão oficial, contudo, ocorreu, em 2020, quando oponentes políticos contestaram nova reeleição de Lukashenko.

Além do *caráter cordial* das pessoas, o desenvolvimento econômico teria contribuído para a estabilidade social nos anos pós-soviéticos. Assim, foram preservadas práticas de economia centralmente planificada, enquanto se adaptaram normas ditadas pelo mercado. Isto é, a Belarus retomou as regras da antiga URSS no que diz respeito à estatização da indústria e poupança, com grandes investimentos na indústria e na agricultura. Sua produção continuou a ser fortemente destinada ao consumidor russo, que absorve a maior parte de seus tratores, refrigeradores, carnes bovinas e suínas, e batatas.

Incontestável, é o fato de que a estabilidade bielorrussa pode ser atribuída, em grande parte, à ausência de oligarcas que possam influenciar a vida político-econômica do país, em função de seus próprios interesses. Foram mantidos, nessa perspectiva, programas quinquenais de trabalho governamental – no *bom estilo soviético* –, enquanto os frutos da atividade econômica e decisões sobre sua utilização permanecem nas mãos dos governantes (em seu melhor e pior sentido), com certa previsibilidade.

Até recentemente, os que tinham ouvido falar de Minsk sabiam apenas que Lee Oswald, antes de assassinar o Pres. Kennedy, havia residido e trabalhado naquela cidade. Além disso, confiava-se que, na ausência de uma máquina que viajasse ao passado, a alternativa seria ir à Belarus para conhecer uma "espécie jurássica de *Homo Sovieticus*".

Hoje, poderia ser conveniente, estrategicamente, haver reflexão sobre a possibilidade de que a crise em curso na Ucrânia proporcione a elevação da Belarus de *alvo de sanções* para uma respeitável plataforma de *reuniões de cúpula*, com vistas a negociações pacíficas que envolvam seu entorno regional.

Nesse sentido, em linhas gerais, poder-se-ia considerar que o *Ocidente* apoie esforços do Presidente Lukashenko de fortalecer um *estado bielorrusso*, que seria neutro com relação à Rússia, enquanto seriam reduzidas as pressões para a liberalização da política interna daquele país.

Como cenário alternativo, há quem cogite que ocorra simplesmente a incorporação da Belarus à Rússia, que contaria, assim, com uma fronteira ainda mais próxima à União Europeia, com consequências previsíveis ou não.

Retorna-se, neste ponto, à ideia de reanimar e fortalecer a Comunidade de Estados Independentes, com sede estabelecida em Minsk, a partir de 1991.

Conforme sugerido acima, o *arcabouço* disponível na referida Comunidade, poderia sondar fórmulas para o debate de temas, como, por exemplo:

- O compromisso de que a não adesão ucraniana à OTAN pudesse permitir às convenções *adormecidas* na CEI levar a Rússia a retirar suas tropas das regiões da Ucrânia, Donbass e outras, que ocupara em 2022. Caberia, então, decidir se essas permaneceriam sob a soberania da Ucrânia, mas um grau mais elevado de autonomia lhes seria garantido.

- Poder-se-ia, também, considerar o congelamento da crise na Crimeia, anexada por Moscou em 2014. Ou seja, não haveria um reconhecimento internacional de que a região passe a fazer parte da Rússia. Seria necessário, contudo, não haver um questionamento sobre o fato de que, na prática, a região permaneceria controlada e administrada por Moscou.
- Haveria espaço, em compromissos assumidos no âmbito da CEI, sobre Direitos Humanos, para discutir o tema do emprego do idioma russo por aqueles que o tenham como parte de sua cultura original. Lembra-se que não apenas a Ucrânia é habitada por tais minorias.
- Seria garantida, ainda com maior ênfase, a segurança dos membros da CEI contra eventuais ameaças de países ou alianças militares vizinhas.

Neste ponto, permito-me fazer referência a participação minha, no dia 7 de junho, em palestra na Faculdade de Relações Internacionais, da Universidade do Rio Grande (FURG), em Santa Vitória do Palmar, no extremo Sul do RS, quando propus a reflexão sobre eventual aplicação da *Soft power* desenvolvida entre aquele nosso Estado e países vizinhos, Uruguai e Argentina.

Como se sabe, há mais de duzentos anos, convivem em paz e harmonia, naquela região, nações com identidades culturais distintas. Traços dessa forma construtiva poderiam ser identificados e utilizados como referência, em meios de aproximação diplomática do Brasil, como mediador no conflito ucraniano, na medida em que lá se trata, em grande medida, da não aceitação de peculiaridades de identidades culturais que, a propósito, muito têm em comum.

Não saberia indicar como tal sugestão poderia ser levada à consideração dos membros da CEI. Cabe, pelo menos, torcer para que mecanismos de negociação já existentes na OTSC, no âmbito da Comunidade de Estados Independentes, sejam acionados.

Como conclusão, lembro a afirmação de Lukashenko, mencionada no primeiro parágrafo acima, no sentido de que se adotam na Belarus práticas que proporcionam a "estabilidade política e um relativo bem-estar econômico", fazendo jus a que se considere "os bielorrussos como simples russos, com um selo de qualidade".

De qualquer forma, trata-se de referência bem mais gentil aos russos do que as certamente hoje ouvidas em Kiev.

CHINA:
A *contradição principal* e a nova lei de política externa chinesa"

Rio de Janeiro, em 13 de julho de 2023.

Joe Biden equiparou Xi Jinping a *ditadores*, recentemente. Pequim reagiu, afirmando que a fala do americano fora *ridícula* e uma provocação política. A acusação do presidente americano, no contexto da rivalidade atual, entre os EUA e a RPC, parece colocar a disputa entre as superpotências, no patamar de *autoritarismo* versus *democracia*.

Arrisca-se, assim, a simplificar a atual contradição entre Washington e Pequim à questão de qual das capitais é sede de melhor *forma de governança*.

No contexto do problema, é inevitável situar a divergência no âmbito da *Questão Através do Estreito de Taiwan*, que, como herança do período de confrontação da *Guerra Fria*, opõe Pequim e Taipé quanto à soberania sobre aquela ilha.

A título de complicador adicional aos diferentes argumentos históricos expressos em cada parte em disputa, os Estados Unidos alegam que defendem, em Taipé, o *sistema democrático* existente na ilha, em oposição ao autoritarismo daquele que Biden citou como ditador da RPC.

Nessa perspectiva, visto que estaria em debate – também naquela parte do mundo – a relatividade do conceito dessa forma específica de governança, sugiro reflexão sobre a existência atual de uma *democracia chinesa*.

Tratando-se de *universo chinês*, seria adequado recorrer ao pensamento do *grande timoneiro*, ainda atual, no seu discurso sobre *as contradições*. No ensaio, Mao Zedong afirmava que "entre as muitas contradições em um processo de desenvolvimento, uma delas é a principal, cuja existência e evolução determina ou influencia a evolução das demais".[35]

Nessa perspectiva, com vistas a entender a importância do tema para o ajuste de diferentes argumentos locais, caberia avaliar se o alardeado estabelecimento de uma *democracia* em Taiwan constituiria uma *contradição principal*, que dificultaria a solução da disputa de soberania sobre a Ilha.

Hipótese alternativa consideraria que o quadro mais amplo de ajustes necessários nas relações através do estreito dependeria menos da aplicação prática – no continente e na ilha – de valores ocidentais de governança, e mais da criação de espaços onde diferentes ações das sociedades civis de ambas as margens possam defender sua identidade cultural e formas de agregação historicamente compartilhadas.

II

No momento, aumentam as tensões através do estreito de Taiwan, como decorrência da expectativa quanto a se será possível chegar à situação de ambiguidade necessária para que nenhuma das partes apareça derrotada frente à definição de *uma China*.

Daí, acredito, deveria preocupar, mais do que o exato conceito do que seria uma *democracia chinesa*, a ênfase colocada, recentemente, em Pequim, com respeito a *nacionalismo* e *guerra*.

Verifica-se, a propósito, que, apesar dos milênios de sua civilização, é recente o conceito de nacionalismo entre os chineses. Basta lembrar que a última dinastia foi manchu e pouco esforço fez para associar-se à cultura do país, impondo-se, em grande medida, exatamente pelo fato de diferenciar-se dos súditos.

Com o advento da República, não houve transição fácil, entre o império e uma *nação*. Quando a ideia *força* se consolidou, foi resultado de trabalho de mobilização popular.

Seu propósito foi, desde então, o controle do território, e não a emancipação política. Tanto o Kuomintang quanto o Partido Comunista seguiram essa orientação.

---

[35] *Obras Escolhidas de Mao Tsetung* – (Livro vermelho de Mao). Edições em Língua Portuguesa, Pequim, 1975.

Na ilha de Taiwan, no entanto, existe, sim, um nacionalismo popular, seja este forjado diante de diferentes levas de imigrantes do continente, seja durante o colonialismo japonês, entre 1895 e 1945, e mesmo frente à imposição do regime do Kuomintang, desde 1949.

Quanto à ideia de *guerra*, implícita na postura ameaçadora em recentes discursos de autoridades chinesas, um dos melhores estudos sobre como Deng Xiaoping analisava seu conceito, encontra-se em artigo publicado na revista *Pequim Informa*, em 04.04.1989, p. 18.

Nesse texto, intitulado "O conceito de Deng Xiaoping sobre a guerra e a paz", os autores recapitulam os pensamentos de Lenin e Mao Zedong e levam à postura adotada pelo *Último Grande Timoneiro* do século passado, em que Deng analisa que, tanto os países capitalistas, quanto os socialistas, atingem o estágio do imperialismo, uma vez que passem a atuar como *hegemonistas* – o que passaria a ser a principal causa das guerras modernas.

Receia-se, assim, que o nacionalismo de estado possa vir a ser, gradativamente, adotado na China como mecanismo de sustentação, na medida em que seja enfraquecida a legitimidade proporcionada pela ideologia em vigor até o início de modernização do país.

Com o esvaecimento de pilares das formas de *organização socialista*, teme-se também a perda de princípios cultivados por Deng, como o de que "para trabalhar pela paz, há que se opor ao hegemonismo".

Em termos reconhecidamente simplificados, no que diz respeito ao conceito relativo de *democracia* em Taiwan, convém lembrar, alguns dos principais fatos da vida política recente da Ilha.

A partir da imposição, em seu território, em 1949, o Kuomintang procurou assegurar o respeito a três princípios: a obediência à Constituição da *República da China*, elaborada em 1947, ainda no continente; a manutenção de partido único; e a promoção da *democracia* em Taiwan (curiosamente, sem que se permitisse a criação de novos partidos naquela época, 1949).

No final da década de 1960, vários parlamentares vindos com Chiang Kai-shek haviam morrido e tornava-se necessário substituí-los. O KMT decidiu, então, permitir eleições setoriais. Passou, também, a incorporar em seu discurso *a ideia de democracia*, uma vez que esta era uma das propostas de Sun Yat-sen quando fundou a República da China. Tendo sucedido o pai, em 1978, Chiang Ching-kuo iniciou processo de abertura política.

Segundo alguns observadores, na medida em que se fortalecia, na Ilha, a convicção de que seria impossível a retomada pela força do poder no continente, a liderança local passou a identificar a necessidade de justificar o KMT, interna e externamente, como o partido capaz de conduzir a República *China*, em *Taiwan*, a um *sistema de governo democrático*, de forma a manter a ilha *alinhada à proposta pelo lado dos EUA*, no período da Guerra Fria.

A partir daquele momento, o Kuomintang buscou ampliar sua base de sustentação, limitada, até então, apenas aos aliados do regime imposto. Com o cancelamento da Lei Marcial, em 1987, passou-se a permitir a formação de partidos, que vieram a competir em eleições que proporcionaram a gradativa substituição de uma geração de líderes escolhidos ainda na China continental, em 1947.

Coube a Lee Teng-hui, taiwanês de nascimento e sucessor de Chiang Ching-Kuo, com a morte deste em 1988, consolidar as mudanças. Em 1991, o ex-líder autorizou a formação de novas agremiações políticas, e o Partido Democrático Progressista, de oposição, passou à legalidade. Em 1996, foram realizadas eleições presidenciais livres, pela primeira vez. Em maio de 2000, o KMT perdeu o poder central, com a vitória de Chen Shui-Bian, do PDP.

Essa evolução ocorreu no quadro de *democracia eleitoral* existente na margem do estreito formosino, a adotar-se a definição de Samuel F. Huntington, para quem "um sistema político do século XX é democrático na medida em que seus mais elevados tomadores de decisão são escolhidos através de eleições justas, honestas e periódicas, nas quais os candidatos podem competir livremente por votos e virtualmente toda a população adulta é qualificada para votar".

Inexiste em Taiwan, contudo, uma sociedade civil politicamente organizada, a partir de instituições escolhidas pela cidadania taiwanesa, na medida em que, conforme mencionado acima, a Constituição vigente foi outorgada, em estilo colonial, pelos seguidores de Chiang Kai-shek.

III

No que diz respeito à evolução recente do processo político na República Popular, foi revelado que, a partir de primeiro de julho corrente, Pequim passou a adotar *nova lei de política externa,* que, em suma, reforça o fato sabido de que as relações internacionais da RPC são regidas pelo Partido Comunista Chinês, e não pelo Estado.

Segundo entendido pela mídia ocidental (CNN em particular), essa medida "concede poder ao PCC para determinar a política externa do país".

Nesse contexto, a nova legislação fortalecerá o *direito* de Pequim impor *contramedidas* no caso de serem identificadas ações externas que venham a *ameaçar* o desenvolvimento do país.

Nesse caso, seria incluído, por exemplo, esforço atual dos EUA no sentido de estabelecer controles sobre as exportações chinesas de bens de alta tecnologia.

Fica, então, estabelecido que o PCC "determinará contramedidas de política externa para opor atos que violem leis e normas internacionais e coloquem em perigo a soberania, a segurança e os interesses da China".

Na prática – conforme já sugerido acima – a nova lei pouco agrega ao poder único do Partido Comunista na condução política do país. Reforça, contudo, a preocupação dos que associam – segundo princípios anunciados por seus próprios líderes no passado recente – a ascensão chinesa atual a ameaças de *hegemonismos*.

IV

Conclui-se que, em linhas gerais, na margem formosina do estreito, a *primeira democracia chinesa* seria, na essência, um compromisso entre líderes do Kuomintang, vindos da China com Chiang, e representantes de forças políticas taiwanesas, no sentido de obter-se tanto a estabilidade necessária ao crescimento econômico da Ilha quanto a conquista de base de sustentação ideológica para justificar a sobrevivência da *República da China*, em Taiwan.

Não seria, nessa perspectiva, a resolução de uma contradição principal, no sentido de que se tenha obtido, em Taiwan, a fórmula a ser aplicada com resultados imediatos para problemas de governabilidade comuns aos dois lados do estreito.

Tal composição, cabe reiterar, só será atingida quando for criado espaço para que ações das sociedades civis de ambas as margens do estreito possam usufruir da identidade cultural e formas de agregação históricas que compartilham.

Por enquanto, reitera-se, em Taiwan existe uma democracia eleitoral sem as instituições democráticas necessárias – como uma constituição própria.

Na República Popular, no entanto, predominaria um "governo do Partido Comunista Chinês, pelo PCC, para o PCC".

BRASIL-ÁFRICA:
proposta de *prosperidade através do Atlântico*

Rio de Janeiro, em agosto de 2023.

Renova-se a oportunidade de pensar a inserção internacional do Brasil. Pouca referência tem sido feita a propósito ao inevitável futuro nosso a ser compartilhado com a África. Peço vênia, portanto, para reiterar narrativa e proposta de um projeto de *prosperidade através do Atlântico.*[36]

Tive o privilégio de, como diplomata brasileiro, desempenhar cinco missões na África. As três primeiras sucessivamente, em Libreville, Gabão e Maputo, Moçambique, entre 1976 e 79, e Pretória, na África do Sul, como encarregado de negócios (chefe interino) até 1982, durante a vigência do Apartheid. As duas últimas temporárias em Uagadugu, Burkina Faso, durante três meses, em 2013, e, por dois meses, no ano seguinte, em Cotonou, Benin.

Lembro que foi em 1974 que passamos a ter uma *política internacional*, isto é, de nação a nação – com respeito àquele continente, reconhecendo o Movimento Popular de Libertação de Angola (MPLA) como o representante legítimo do povo angolano, bem como a independência do novo país. A história registra que se tratou de uma *política externa brasileira de Estado*, adotada pelo Governo do Presidente Ernesto Geisel, de direita, em favor de um Movimento de Libertação, de esquerda. O nosso posicio-

---

[36] Argumentos já expostos em meu livro *Percurso Diplomático Diferenciado pela África*, Editora AGE, 2021, em artigo incluído em *Os Diplomatas e suas Histórias*, Editora Francisco Alves, em 2021, em contribuições ao livro *Democracia e Diplomacia*, editado pelo Instituto Diplomacia para Democracia, em 2022, além de terem sido expostos em sucessivos artigos em *Mundorama*, da UNB e também em artigo publicado no *Jornal de Angola*, em 2021.

namento, sob a liderança do Embaixador Ítalo Zappa, ocorreu antes que a antiga URSS e Cuba seguissem o mesmo caminho. Havia, então, postura nacional – apesar do momento de repressão política interna no Brasil – que transcendia opções partidárias.

Quando abrimos a Embaixada no Gabão, na segunda metade da década de 1970, notava-se que, mesmo com a independência política, ex-colônias permaneciam vinculadas à França, tanto mental, quanto economicamente.

Verificava-se que, em Libreville, por exemplo, os franceses acabavam de construir um hospital, com tecnologia típica europeia, que contava com *teto de proteção contra a neve*. Isso num país da África Equatorial. Evidentemente, tratava-se de instalação que, de forma inapropriada e sem preocupação alguma de adaptar-se ao local, aumentava mais ainda o calor no interior do prédio.

Daí ter sido aquele um momento propício para a apresentação de engenharia de construção, equipamentos e tecnologia brasileiros. Naquela fase, ademais, éramos recebidos como parceiro comercial, sem *bagagem de colonizador*, em busca de soluções comuns para problemas compartilhados.

Transferido para a Embaixada do Brasil em Maputo, em 1977, vivi, logo após a Independência de Moçambique, momento em que, na África Austral, estavam ainda atuantes os movimentos de libertação nacional, com vista à emancipação dos africanos no Zimbábue, na África do Sul e na Namíbia.

No exercício de minhas funções na capital moçambicana, sofri dois tipos de constrangimentos. O primeiro dizia respeito à tentativa de criar simpatias junto a autoridades locais, lembrando que "falamos a mesma língua". "Nunca ouvimos o sotaque brasileiro em nosso favor durante a luta contra os colonizadores", me respondiam, com razão, pelo fato de que o Brasil apoiara Portugal em resoluções condenatórias na ONU ao colonialismo de Lisboa.

A segunda *bola nas costas* recebi quando compareci, como era praxe local, no embarque do Presidente Samora Machel no aeroporto, durante período em que exerci a chefia temporária da Embaixada. Ao me cumprimentar, fez perguntas sobre o relacionamento entre os dois países, às quais respondi formalmente.

Ao término de nosso curto diálogo, o líder moçambicano chamou o Vice-Presidente, Marcelino dos Santos, e lhe disse: "Este jovem é muito frio para ser brasileiro". Com disposição carioca (como são conhecidos os nascidos no Rio de Janeiro), respondi que era a "circunspecção da fila de diplomatas que me dava tal aparência" e perguntei se ele esperava que eu "estivesse fantasiado de baiana e assobiando a Aquarela do Brasil". Samora Machel riu muito.

Desses anos iniciais em solo africano, ficou o aprendizado de que os novos países buscavam respeito à sua duramente conquistada independência. Aceitariam parcerias, mas não novas subordinações, fossem em função de um idioma comum ou da tentativa de torná-los bem-comportados consumidores de produtos e ideias trazidos de fora. Ademais, parece, esperavam que brasileiros, diplomatas ou não, se apresentassem de maneira mais informal – com menos aparência europeia e mais traços da informalidade africana que herdamos.

Deveríamos procurar estabelecer cooperação a partir da identificação das necessidades e dos desejos locais e de acordo com as nossas possibilidades. Era necessário representar e expressar uma identidade nacional que apelasse ao projeto de emancipação que se consolidava na África.

Mesmo com os seus próprios e enormes problemas de reconstrução, após a independência, os moçambicanos, no final da década de 1970, não se recusaram a integrar, contra a então Rodésia (hoje o Zimbábue independente), os chamados *Países da Linha de Frente*, junto com a Tanzânia e Zâmbia. Tratava-se, naquela época, de fornecer refúgio, em território vizinho, para *freedom Fighters*. Em retaliação, sofria-se com bombardeios dos colonos brancos de origem britânica, que faziam numerosas vítimas entre a população civil do país anfitrião dos guerrilheiros. A mensagem que fica daquela época: *a luta continua*.

Restava pouco espaço para a ação diplomática brasileira, além do fortalecimento das relações bilaterais com países da África Austral recém-independentes, que haviam eliminado a discriminação racial e redistribuído terras produtivas à maioria africana. Para tanto, em Pretória, para o Brasil, era necessário manter apenas um encarregado de negócios, com a missão de negar e recusar propostas de cooperação com o regime do Apartheid. Com prazer, cumpri essas tarefas, entre 1979 e 1982.

Contratei, por exemplo, como protesto contra o sistema de discriminação racial, uma secretária negra, no lugar de uma africâner, o que resultou em ter a minha sala invadida, três vezes, por sul-africanos brancos, que se recusavam a ser recebidos pela nova funcionária. Cabe ressaltar que o *Jobs reservation act*, uma das legislações pilares do *apar-*

theid, proibia que africanos exercessem, então, certos empregos, entre os quais o de secretária.

Três décadas após ter partido de Pretória, tive a oportunidade de retornar à África, em missão transitória no Burkina Faso, de onde a imagem mais forte que trouxe do cenário afro-ocidental, na década atual, conforme visto de *Ouga* – como a capital, Uagadugu, é conhecida – foi a da situação quase inusitada, na política internacional. Aquele país, considerado um dos mais pobres do mundo, é capaz de desempenhar mediações regionais, como o fez com papel definitivo em questão do Mali e, segundo consta, teria atuado também em crise na Costa do Marfim.

De acordo com registros disponíveis, o *país dos homens justos* – como se traduz Burkina Faso – substituiria, então, o lema, em vigor havia mais de trinta anos, de *a luta continua*, pela *persistência na negociação*. Abria-se, então, ampla possibilidade de interlocução com o Brasil, em virtude de coincidência com esforços nossos de inserção internacional.

O Benin impressiona pela sua tolerância entre diferentes manifestações religiosas que convivem pacificamente. Exemplo gritante é a mesquita construída em Porto Novo – por africanos muçulmanos escravizados, retornados do Brasil – no século XIX, nos moldes de uma igreja católica da Bahia, em frente a uma catedral.

Nota-se, também, boa convivência entre cristãos e praticantes de vodu e vice-versa. Tais aspectos permitem a identidade de posturas de convivência pacífica interna brasileira e beninense.

Decorridos trinta anos, portanto, verifiquei que eram distintos os desafios para o diplomata brasileiro na África. Não se tratava mais de apresentar o Brasil. Já éramos conhecidos e apreciados. Novos temas multi e bilaterais nos aproximam do outro lado do Atlântico. No meu retorno, ao invés de ser chamado de jovem frio – como o fui por Machel – meus cabelos brancos levaram, especialmente em Cotonou, as autoridades locais a se referirem a mim como *ainé* (mais velho), que entendi como forma *respeitosa e carinhosa* de tratamento, o que muito divertia o jovem diplomata que me assessorava.

No início de minha experiência africana, portanto, fui chamado, pelo Presidente Samora Machel, de *um jovem frio*. Trinta anos depois, fui recebido como um *ainé* (idoso), que, além de ser ouvido com respeito por interlocutores locais, ainda derrotava os seus tenistas, nos finais de semana, em quadras de hotéis burquinabés e beninenses.

A proposta de prosperidade através do Atlântico

O desafio, na década de 1970, para nossa diplomacia, era apresentar o Brasil não como um *candidato a mais a colonizador*, nem com projeto apenas mercantilista, mas como parceiro capaz de encontrar *soluções comuns para "problemas compartilhados"*.

Verificava-se, assim, que a emergência de uma Nova África sofria ainda de condicionamentos de seu passado colonial, no que dizia respeito à visualização de suas trajetórias estratégicas no século XXI.

Países africanos avançavam, então, em processo de autonomia e desenvolvimento, dispondo de imensos recursos naturais. Em suas propostas para a construção de uma sociedade urbano-industrial, precisavam, no entanto, integrar-se para desenvolver espaços econômicos, políticos, socioculturais, técnico-científicos capazes de sustentar projetos nacionais.

Nesse sentido, caberia efetuar o reconhecimento do avanço das diferentes formas de cooperação científica e tecnológica e intercâmbios comerciais, já existentes entre o continente e o Brasil. O autor não está habilitado a relatar em detalhes todos os projetos já realizados, nem seria possível contê-los neste curto espaço.

O trabalho de implementação das soluções comuns para problemas compartilhados e o incremento das trocas de bens e conhecimentos é, sem dúvida, enorme e gratificante desafio para as Embaixadas brasileiras em capitais africanas.

É na esfera de cooperação política que me parece haver maior potencial no relacionamento entre o Brasil e a África. Para tanto, não bastam esforços de integração econômica, intercâmbio científico-tecnológico e cultural; exige-se um ideário de prosperidade comum para fortalecer a interlocução.

O relacionamento Brasil-África

Sobre o relacionamento do Brasil com a África, dividirei este exercício de reflexão em: a inserção internacional daquele continente e a concorrência de outros atores com a atividade diplomática de nosso país. Sugiro, também, o fortalecimento da interlocução política, com ênfase no conceito de *prosperidade através do Atlântico*, além da promoção da paz e da cooperação.

Já se tornou lugar-comum dizer que a África é a nova fronteira da globalização. Para tanto, o continente estaria sendo capaz de varrer, definitivamente, os vestígios do colonialismo de seu território, bem como de apresentar os países da área não mais como dependentes de ajuda externa, mas como mercados emergentes, que se integram gradativamente no livre fluxo do comércio internacional.

Visão mais realista, contudo, identificaria que a Nova África sofre ainda, tanto de condicionamentos de seu passado colonial, quanto do assédio de potências econômicas modernas no que diz respeito à visualização de suas trajetórias estratégicas no século XXI.

Acredito ser necessário para pensar sobre cenários futuros prováveis do continente, em linhas gerais reconhecidamente simplificadas, mapear as tendências atuais dos rumos da globalização na África. Em seguida, cabe identificar implicações dessa evolução. Finalmente, procuro sugerir o fortalecimento de formas de interlocução de nosso País com aquele continente.

Nessa perspectiva, pretendo transmitir visão pessoal sobre a concorrência de outros atores internacionais e seus possíveis efeitos para a ação diplomática brasileira. Em seguida, relembro propostas originais nossas que poderiam reforçar agenda de preocupações comum às duas margens do Atlântico.

Assim, cenário otimista reflete uma expansão econômica africana significativa, não havendo, contudo, registro da formação de *laboratórios de modernidade*, na forma paradigmática desenvolvida na América do Norte e na Ásia-Pacífico. Isto é, não se encontram, na África, sintomas de que estejam sendo gerados novos métodos de produção, que viriam a ditar um salto qualitativo de produtividade, acompanhado de inovações técnico-industriais.

A concorrência ao Brasil

O processo em curso, guardadas as devidas diferenças históricas, não se aproxima, por exemplo, no continente africano, da repetição do ocorrido em partes da Ásia-Pacífico e do Sudeste Asiático, onde, com o término da Segunda Grande Guerra, o Japão, após reerguer-se economicamente, conseguiu instalar, por meios pacíficos, a *esfera de coprosperidade* que Tóquio tentara impor a seus vizinhos, pela força, resultando em sangrento conflito militar.

Neste caso, seria necessário contar com a improvável reformulação de Estados da África nos moldes vigentes nos chamados Tigres Asiáticos, que contam com governos *democráticos muito originais*, que, como se sabe, priorizam o desenvolvimento econômico em detrimento de direitos políticos. Existe, na realidade, crescente incongruência entre os anseios democráticos de sociedades civis africanas e suas formas atuais de governança, que visam a, em alguns países, preservar no poder seus atuais detentores.

Na outra margem do Atlântico, a propósito, os principais atores asiáticos a disputar influência, no momento, são China e Índia. Nesse esforço, cada país parece adotar estratégias distintas, que, de maneira simplificada, poderiam resumir-se nas explicações de que os chineses oferecem seu apoio diplomático e amplos recursos financeiros, em troca do abastecimento de recursos naturais e energéticos.

Os indianos, de sua parte, através de sua diáspora pelo continente africano, apresentam um bem-sucedido modelo de fazer comércio, assim como temas de inspiração, como sua luta contra o colonialismo e ideais políticos no estilo do, ainda presente, *não alinhamento*.

É sabido que, em diferentes capitais africanas, circulam severas críticas quanto à ausência de oportunidades de emprego para a população local em empreendimentos da RPC. Tais empresas trazem trabalhadores chineses. Há, com frequência, denúncias de criação de um *relacionamento colonial* com a China, na medida em que aquele país asiático se limitaria a importar recursos minerais e energéticos da África, sem criar valor agregado no continente.

A Índia, de sua parte, adota estratégia distinta. Os investimentos indianos são quase que integralmente privados e empregam, em grandes números, trabalhadores locais. Nesse processo, os países anfitriões sentem-se mais identificados com tais empreendimentos.

Enquanto isso, na África Austral, assiste-se à consolidação de uma esfera de influência econômica de Pretória, esboçada há décadas, quando os arquitetos do *apartheid* pensavam em soluções como a iniciativa denominada na década de 1980, *constelação de Estados*, que visava a promover o *desenvolvimento separado* das nações vizinhas, bem como mantê-las dependentes de um centro hegemônico, situado no sul do continente.

Agora, com o término da discriminação racial institucionalizada, a África do Sul encontra-se livre para operacionalizar um projeto de integração econômica regional que tinha pronto, havia muito tempo. Seria difícil imaginar, contudo, que além do *milagre* da transição pacífica vivida até agora na África do Sul, o governo atual fosse capaz de operar também a *mágica* de oferecer um ideário comum que a África poderia perseguir para uma inserção internacional favorável.

Seria redundante ressaltar que partes da África Mediterrânea e Ocidental são ainda consideradas *chasse gardée* por Paris, que não hesita em utilizar a força para defender seus interesses.

A INFLUÊNCIA CONTRÁRIA AOS INTERESSES BRASILEIROS

A concorrência desses atores externos ao continente influencia a postura de alguns setores de decisão da outra margem do Atlântico e conflita com interesses comerciais brasileiros, no que diz respeito a mercados que disputamos.

Pode ser afetada, também, a experiência em cooperação científico-tecnológica já acumulada entre o Brasil e a África, que poderia contribuir para reorganizar as vantagens competitivas daquele continente. No quadro de uma proposta comum a ambas as margens do Oceano, existe a possibilidade de continuar a assegurar a centros de excelência situados no Brasil o papel de identificar soluções próprias para problemas compartilhados.

Citam-se, como protagonistas nesse esforço, instituições como a EMBRAPA e projetos como o do ordenamento territorial e o do compartilhamento de satélites para telecomunicações do INPE. Já foi assinado, por exemplo, com Moçambique, um Acordo Geral, que inclui projetos na área de desenvolvimento urbano, agricultura e segurança alimentar, saúde pública e fortalecimento do Poder Judiciário.

Consta que ao final de 2011 "o programa bilateral de cooperação técnica Brasil-Moçambique era composto por 21 projetos em execução, sendo que outros nove se encontravam em processo de negociação". "Dentre os mais visíveis está o projeto Pró-Savana, que visa a transformar a região de savana, na província de Matola, em um grande corredor de monocultura voltada à exportação de *commodities*. O projeto, inspirado na experiência da Embrapa de transformação do cerrado do Centro-Oeste brasileiro, visa à modernização da agricultura de Nacala, de forma a aumentar a produtividade e a produção. Outro projeto brasileiro de destaque naquele país africano é a instalação, liderada pela Fiocruz, de uma fábrica de medicamentos, sobretudo antirretrovirais usados no tratamento do HIV/Sida, em Matola."[37]

O atual esforço de concorrentes, no entanto, começa a distrair a atenção de parceiros nossos africanos.

Nesse sentido, caberia efetuar o reconhecimento do avanço das diferentes formas de cooperação científica e tecnológica, e intercâmbios comerciais, já existentes entre o continente e o Brasil. O autor não está habilitado a relatar em detalhes todos os projetos já realizados, nem seria possível contê-los neste curto espaço. O trabalho de implementação das soluções comuns para problemas compartilhados e o incremento das trocas de bens e conhecimentos é, sem dúvida, enorme e gratificante desafio para as Embaixadas brasileiras em capitais africanas.

Há que ter cuidado, contudo, para não identificar, em cada manifestação de apreço de algum líder africano por transferência de tecnologia ou investimento do Brasil, uma busca por modelo de governança nosso a ser adaptado àquele continente.

Em direção a uma era de prosperidade

É na esfera da cooperação política que me parece haver a maior relevância nas relações entre nosso País e a África, com vistas a incrementar a ação diplomática brasileira. Nesse nível, não bastam os esforços de integração econômica; exige-se uma base de sustentação política, com vistas ao fortalecimento de instituições de governo, capazes de estabelecer interlocução mútua.

A título de exercício de reflexão, parece-me conveniente deter-se em análise dos processos em curso, tanto de integração regional, quanto de busca de formas de governança estáveis em terras africanas.

Nessa perspectiva, não bastaria procurar novas modalidades de intercâmbio comercial e a remoção de barreiras tarifárias. Examinam-se as perspectivas de uma interação mais profunda, de longo prazo e mutuamente estimulante, com base em agenda comum de preocupações, que venha a provocar a integração de sociedades, com a introdução de valores políticos compartilhados, harmonização de regras para a reorganização dos recursos

---

[37] Adriana Erthal Abdenur e João Marcos Rampini. *A Cooperação Brasileira para o Desenvolvimento com Angola e Moçambique: Uma Visão Comparada*. 2014.

produtivos e a formulação de políticas comuns em áreas como a da cooperação técnica e até mesmo social.

A fim de que fosse gerado um cenário favorável à maior aproximação entre o Brasil e a África, sugere-se, como etapa inicial, uma reflexão quanto à proposta de agregar à ideia de *paz e cooperação* a de *prosperidade*, de forma a estabelecer uma situação ideal a ser atingida.

Tratar-se-ia de, por um lado, reforçar conceitos como o de *paz e cooperação*. Por outro, procurar-se-ia identificar novas possibilidades de mobilização de recursos que materializariam em projetos a serem implementados por instituições, em condições de liderar o esforço de inovação científico-tecnológica, necessário à reorganização das vantagens comparativas nas duas margens do Atlântico. Tais vantagens seriam expressas na capacidade de cada país objetivar estrategicamente mais eficiência e eficácia na disponibilidade de seus recursos naturais.

A vantagem comparativa a ser almejada seria cada vez mais dada pela aptidão de o país utilizar efetivamente as novas tecnologias, pela rapidez com que consiga assimilar essas tecnologias no respectivo processo produtivo e pela eficiência relativa com que leve isso a cabo. No contexto, é indispensável um processo de modernização político-institucional de cada Estado.

Verifica-se, assim, que, para o estreitamento das relações entre o Brasil e a África, será necessário refletir sobre uma agenda compartilhada pelas duas margens do Atlântico, seja como resposta a problemas causados pela fase de transição que vivem alguns países africanos – como o da crise de governabilidade – seja por questões impostas por preocupações globais, como aumento da produtividade, proteção ao meio ambiente, educação e geração de empregos.

A consolidação do Estado democrático contemporâneo é pré-requisito da governabilidade. Para sua sustentação, são necessários: legitimidade e participação; condições de financiamento e inserção na economia internacional; e formulação e implementação de políticas públicas efetivas.

Quando se fala em governabilidade, no âmbito da cooperação entre o Brasil e a África, parte-se do princípio de que serão respeitadas as singularidades nacionais. Não se trata, ademais, de impor receituários pré-concebidos.

A construção de um Estado democrático implica o atendimento a requisitos institucionais que, embora assumam formas diferentes em contextos específicos, baseiam-se em princípios universalmente consagrados, tais como: a soberania, que se refere à autonomia dos povos; a cidadania, que implica o atendimento dos direitos sociais básicos; a dignidade da pessoa humana, que respeita a salvaguarda dos direitos humanos; a valorização do trabalho e da livre iniciativa, como forma de assegurar o desenvolvimento de uma economia de mercado; e o pluralismo político, que assegura a liberdade de associação política e expressão ideológica.

O Estado democrático requer a consolidação de instituições políticas, econômicas e administrativas, bem como de defesa nacional e relações exteriores. Nessa perspectiva, as instituições políticas desempenham papel vital na governabilidade. As instituições econômicas a afetam na medida em que influenciam decisivamente as condições de operação do Estado, em setores como o sistema tributário, a autoridade monetária e o tesouro público. As instituições administrativas guardam estreita relação com a governabilidade porque capacitam a ação do Estado na formulação e implementação de políticas públicas e regulações efetivas. As forças armadas e as instituições voltadas para as relações exteriores visam a assegurar condições externas de governabilidade, na medida em que contribuem, respectivamente, para a manutenção da integridade territorial e da unidade nacional, a inserção internacional baseada nos princípios da independência nacional, autodeterminação, não intervenção, defesa da paz e cooperação entre os povos.

Tais princípios e requisitos encontram-se, em grande parte, consolidados no Brasil, bem como, na forma de sua configuração em nosso país, poderiam servir a um esforço adicional de cooperação com vistas à modernização política necessária a alguns dos Estados africanos.

A vertente da cooperação para a modernização político-institucional do Estado poderia ser fortalecida, entre os temas de uma agenda comum entre o Brasil e a África.

Na linha de raciocínio exposta acima, a cooperação entre o Brasil e a África no setor de modernização político-institucional do Estado contribuiria para minorar o problema da crise de governabilidade de alguns países africanos. Esse esforço, de sua parte, seria fundamental para o ordenamento do território na outra margem do Atlântico, servindo como instrumento para a criação do zoneamento ecológico-econômico e de identificação de novas vertentes de cooperação em setores de tecnologia de ponta. Sempre na mesma perspectiva, conclui-se que o passo seguinte nessa sequência de eventos auspiciosos seria um processo de desenvolvimento sustentável, que favoreceria a geração de empregos.

Conclusão

Conforme antecipado, esta proposta de reflexão diz respeito à agregação do conceito de *prosperidade* à ideia já consagrada de *paz e cooperação*, utilizando-se, para tanto, conquistas brasileiras para a solução de problemas comuns aos africanos.

Aproveito para repetir, a respeito da influência exercida por nosso País, que: "Pôr-se-ia, como hipótese, que o Brasil, apesar de todos os seus recursos, ainda não se deu a trabalho que o valesse, não por obstáculos internos ou externos, mas simplesmente porque não o concebeu suficientemente claro. E, se algum trabalho tem, é esse de ajudar a sair de suas indeterminações os povos do mundo que não encontram, nas grandes nações, guia algum que valha a pena seguir; primeiro a África."[38]

---

[38] Agostinho da Silva, in *Perspectiva Brasileira de uma Política Africana*.

QUESTÃO DA UCRÂNIA:
reiteração do papel da
CEI no processo de paz

Rio de Janeiro, em 3 de setembro de 2023.

O cenário internacional, pós-BRICS –Plus parece sugerir, entre outras propostas, a abertura de espaços a articulações para a solução de conflitos, que não se resumam à disputa entre formas de governança ou modelos econômicos predominantes no ordenamento mundial vigente a partir de 1945.

Nas palavras do Embaixador Celso Amorim, "o mundo não pode mais ser visto e ditado pelo G-7", referindo-se ao grupo das sete nações mais desenvolvidas do mundo.

Caberia, assim, pensar na reforma dos foros de poder global, como a ONU, para garantir maior participação de países que não apenas as grandes potências ocidentais.

Seria possível, nessa perspectiva, voltar a refletir sobre propostas recentes para a solução de guerras atuais, no âmbito e envolvendo atores de suas respectivas regiões.

Nesse contexto, registra-se que, para alguns observadores, existe para a Rússia a dúvida quanto a sua inserção internacional, como um estado europeu ou eurasiano, com implicações na orientação de valores e busca de foro mais apropriado para a resolução de conflitos com países vizinhos.

Aqueles que seguem a opção por ser um estado europeu são reconhecidos como "pró-Ocidente" e enfatizam os atributos russos com características europeias, enquanto evitam seus traços *eurasianos*.

De sua parte, contudo, os países europeus sempre consideraram a Rússia como um *país diferente*. Os russos, assim, se sentem rejeitados pelos europeus.

Tive a experiência pessoal, por ocasião de palestra que proferi na Universidade de Herzen, de São Petersburgo, em 2018. No período reservado a perguntas, uma aluna me perguntou se, naquela cidade, eu me considerava na Europa ou na Rússia. Respondi, diplomaticamente, que "me sentia na cidade russa mais europeia".

Os russos *eurosianistas* insistem que seu país pertence nem à Europa, nem à Ásia, apesar de possuírem traços de personalidade europeus e asiáticos. Segundo esse ponto de vista, na medida em que seu país seja uma mistura de ambas as civilizações, deveria desempenhar papel importante na vinculação entre o Oriente e o Ocidente, garantir a segurança do *hinterland* da Ásia e da Europa e assegurar interesses estratégicos por meio de intercâmbio e cooperação entre países da Europa e da Ásia.

Assim, Moscou deveria atribuir importância à Comunidade de Estados Independentes (CEI), que abrange países de ambos os continentes.

Daí, quando houver momento propício para eventual negociação de paz na questão da Ucrânia, reitero a importância da possibilidade de que se recorra a estruturas disponíveis em *arcabouço* deixado pela antiga União Soviética.

Continuo a pensar na moldura da *Comunidade de Estados Independentes* (CEI) – herdeira de países que formaram a URSS – estabelecida, em Minsk, capital da Belarus, em 8 de dezembro de 1991.

A Comunidade de Estados Independentes

A partir do início de 1991, a dissolução da União Soviética parecia inevitável e, na data citada no parágrafo anterior, líderes de Rússia, Belarus e Ucrânia se reuniram na reserva natural de Belovezhskaya Pushcha, 50 km ao norte da cidade de Brest, Belarus. Assim nasceu a ideia da Comunidade dos Estados Independentes, ao mesmo tempo em que foi anunciado que a nova confederação estaria "aberta a todas as repúblicas da União Soviética", tanto europeias, quanto asiáticas.

O então Presidente da URSS, Michail Gorbachev, descreveu a reunião como algo *ilegal e perigoso* e *um golpe constitucional*. Mas prontamente ficou claro que pouco ou nada havia por fazer. Em 21 de dezembro, os líderes de onze das quinze ex-repúblicas soviéticas se reuniram em Almaty, Cazaquistão, e assinaram o tratado. Dessa maneira, a CEI foi ratificada e a União Soviética oficialmente extinta. Em 25 de dezembro, Gorbachev renunciou como presidente de um país – a URSS – que já não existia *de facto*.

Os três Estados bálticos (Estônia, Letônia e Lituânia) não assinaram o tratado, assim como a Geórgia – os quatro argumentaram que haviam sido incorporados à União Soviética à força. Os 11 participantes iniciais foram Armênia, Azerbaijão, Belarus, Cazaquistão, Quirguistão, Moldóvia, Federação Russa, Tajiquistão, Turcomenistão, Uzbequistão e Ucrânia. Em dezembro de 1993, a Geórgia finalmente aderiu à CEI e em agosto de 2008 se retirou após a invasão russa de seu território.

Mesmo independentes, os 11 antigos membros da URSS decidiram manter vínculo entre si, com o objetivo de estabelecer sistema econômico e de defesa e negociação, em caso de conflito, entre antigas repúblicas da União Soviética, tanto as situadas na Europa, quanto na Ásia.

Tendo como capital a cidade de Minsk, a CEI é estruturada administrativamente por dois conselhos, sendo um composto por chefes de governo e outro por chefes de Estado.

Tive oportunidade de visitar a sede da CEI, em Minsk, a título de cortesia, enquanto fui Embaixador na Belarus, entre 2015 e 2019, e verifiquei que se trata de organização *simbólica*, que funcionaria como uma espécie de *banco de reservas*, onde permanecem disponíveis acordos, mecanismos de negociação e projetos da antiga URSS, que poderiam ser *colocados em campo*, caso alguma proposta de integração ou de resolução de conflito fosse realmente almejada.

Embaixadores dos países membros da referida comunidade, acreditados em Minsk, apresentam credenciais também ao Diretor da CEI. A lista de participantes tem variado, com inclusão ou separação de antigos membros da URSS, de acordo com dinâmica regional de aproximação ou distanciamento da Rússia.

De qualquer forma, existem adormecidos na CEI mecanismos de articulação que *eventualmente* poderiam ser acionados no que diz respeito à Questão da Ucrânia. Minsk, nesse contexto, tem sido escolhida, em consenso com países ocidentais, como local para acordos destinados a negociar disputas entre países membros da antiga União Soviética.

Em certa medida, sugestão de esforço no sentido de valorizar tal *organização semiadormecida* poderia servir de aceno ao Presidente Putin, em seus devaneios de ressuscitar um *projeto eurasiano*, sob influência de Moscou. Isto é, o dirigente russo poderia argumentar que eventual negociação, no âmbito da CEI, seria vitória de iniciativa que a Rússia alegaria *ser sua*, em acordo de 1991, incluindo a própria Ucrânia e a Belarus.

Ademais, cabe registrar que *acordos de Minsk* têm sido a norma para tentar resolver conflitos envolvendo antigos membros da União Soviética, entre estes a Rússia.

Há, no momento, dois *Minsk Groups*, associados a conflitos ocorridos depois da dissolução da União Soviética: o que foi dedicado ao conflito em Nagorno-Karabakh (NK), entre o Azerbaijão e a Armênia; e o facilitador do diálogo na questão da Ucrânia.

Em ambos, o nome dessa capital consta como o local onde os encontros são ou deixam de ser realizados. Não há protagonismo bielorrusso na busca de solução dos problemas. O papel de facilitador nas negociações, no entanto, eleva o perfil diplomático da Belarus no cenário mundial.

Moscou e os *Russos do Exterior Próximo*

Conforme já exposto em capítulos anteriores, no que diz respeito às relações entre a Rússia e países vizinhos, ex-integrantes da URSS, que hospedam populações que conservam a identidade cultural russa, a CEI poderia dispor de *framework* já pronto para a retomada de negociações.

Existiria, a propósito, uma *visão de futuro* que *sugeriria* novos vínculos para um espaço pós-soviético, seguindo caminho no sentido de uma *União das Repúblicas do Exterior Próximo*.

Isto é, o Presidente Vladimir Putin, em documento publicado em 2008, propôs "Um novo projeto de integração para a Eurásia: o futuro que nasce hoje". Sugeria, em suma, algo mais parecido com roteiro de um bem organizado retorno a *passado saudoso* (para ele), do que movimento em direção a objetivo inovador.

Como se sabe, durante a existência da URSS, Moscou dirigia todos os detalhes da organização político-socioeconômica das Repúblicas Soviéticas. A réplica desse mesmo projeto permeia a referida proposta do Presidente da Federação Russa.

Assim, Vladimir Putin retomava, com o conceito da União Eurasiática, a defesa da fusão de mecanismos de integração existentes, com vistas à criação de um polo de poder no mundo contemporâneo, com sede na capital russa, situada cartograficamente entre a Europa e a região da Ásia e Pacífico.

O líder russo revelava que a meta era chegar a *patamar superior de integração*. Na prática, isso significaria a reconstrução de relações com *países do exterior próximo*, que integraram tanto o Império Russo quanto a União Soviética.

O processo desordenado e irresponsável como foi dissolvida a União Soviética, em 1991, a propósito, provocou turbulências além das ora sofridas na Ucrânia, bem como temidas em outras ex-Repúblicas que pertenceram à URSS, como Moldova, Lituânia, Estônia e Letônia. Em todos esses Estados que se emanciparam de Moscou, permaneceram cidadãos que utilizam o idioma russo e são chamados, pelo Presidente Putin, de *exterior próximo*.

A forma de governança, adotada a partir da criação da União Soviética, como se sabe, não favoreceu o florescimento de ideologias em competição entre si no âmbito de fronteiras definidas no período pós-independência, em 1991. Havia que prevalecer, segundo essa maneira de pensar, apenas o conjunto de ideias-forças definidas pelas autoridades centrais. Esse processo facilitaria o congelamento de lideranças que, *à maneira antiga de pensar*, não admitiam contestação.

Como resultado, esse sistema autoritário permeou as estruturas básicas desses novos Estados, ainda sob influência do estilo de governança soviético, e facilitou, em certa medida, que projetos de poder pessoais viessem a ser consolidados.

Lembra-se que, durante a existência da URSS, enquanto novas *Repúblicas*, traçadas a partir de Moscou, foram se consolidando, classes dirigentes fortaleceram-se com métodos de governança soviéticos, tais como julgamentos e execuções sumários, e *desaparecimentos*.

Na medida em que essas *modalidades de controle social* iam se incorporando aos hábitos locais, vínculos de cumplicidades congelavam elites que se mantinham no poder às custas do emprego da violência contra seus próprios nacionais e minorias de *russos do exterior próximo*.

O objetivo final seria a inserção de todos esses minigovernos na moldura de governança maior da então poderosa União Soviética. A etapa posterior ocorreria com a *universalização do poder do proletariado*. A dialética marxista garantiria que, com o *desaparecimento da luta de classes*, as referidas Repúblicas se dissolveriam, em favor do interesse maior compartilhado por todos, "ansiosos por serem conduzidos ao comunismo".

Seria a conveniência da promessa de estabilidade – cabe ressaltar – oferecida pela proposta de Putin, que agradaria autoridades dessas ex-Repúblicas Soviéticas. Afinal, acenava-se com um *patamar superior de integração* com a reconstrução das relações com os países do *exterior próximo*, que integravam o Império Russo e a URSS.

O *encanto* desse projeto vem sendo diluído pela *intervenção* russa na Ucrânia. Outros países que integraram a URSS passaram a temer o mesmo destino.

A Questão da Ucrânia e os Acordos de Minsk

A atual questão da Ucrânia é o exemplo maior da tragédia criada em país vizinho da Rússia, como resultado da forma desordenada como aconteceu a *implosão* da União Soviética e a presença de *russos do exterior próximo*, em território ucraniano.

Para a solução do conflito, foram concebidos os Acordos de Minsk. Assinados em 2014 e 2015 – no âmbito do que pode vir agora ser chamado de "ordenamento internacional pré-BRICS Plus" – por representantes de Ucrânia, Rússia, França, Alemanha e das chamadas Repúblicas Populares de Donetsk e Lugansk, onde predominavam *russos do exterior próximo*". Os referidos documentos não conseguiram solução pacífica para o conflito em Donbass, na fronteira russo-ucraniana.

Em 22 de fevereiro de 2022, dois dias antes de começar sua *operação militar especial*, Moscou reconheceu a *independência* de Donbass e Putin esclareceu que a medida fora adotada porque Kiev afirmara publicamente que não cumpriria os Acordos de Minsk.

Lembra-se que, em fevereiro de 2014, o governo democraticamente eleito da Ucrânia fora derrubado pelo chamado movimento Euromaidan, que teria sido apoiado por potências ocidentais. O golpe desencadeou um conflito sangrento nas regiões orientais do país, onde parte da população – predominantemente de expressão russa – recusou a nova liderança de Kiev. Formaram-se, então, as Repúblicas Populares de Donetsk e Lugansk (RPD e RPL, respectivamente).

Kiev, então, tentou subjugar rapidamente as repúblicas recém-formadas por meios militares, sem sucesso. Não tendo conseguido vitória decisiva no campo de batalha, visto o apoio militar da Rússia aos dissidentes e o apelo das potências europeias por uma solução pacífica para o conflito, a Ucrânia recorreu a negociações. Estas foram dificultadas pela relutância do governo ucraniano em falar diretamente com os líderes de RPL e RPD.

Foram, então, formados o Grupo de Contato Trilateral sobre a Ucrânia, composto por Kiev, Moscou, Organização para Segurança e Cooperação na Europa (OSCE) e o Formato Normandia, incluindo Ucrânia, Rússia, Alemanha e França. Chegou-se, assim, ao que ficou conhecido como os Acordos de Minsk, por terem as negociações sido realizadas na capital bielorrussa, considerada terreno neutro.

O primeiro desses acordos, o Protocolo de Minsk, foi assinado em 5 de setembro de 2014. Diante da ausência de resultados positivos, foi realizada nova versão, conhecida como Acordos de Minsk-2, assinada em 12 de fevereiro de 2015.

O acordo Minsk-2 foi firmado durante uma reunião do Formato da Normandia, que incluiu o presidente russo, Vladimir Putin, a então Chanceler alemã Angela Merkel, o então presidente francês, François Hollande, e o então presidente ucraniano Pyotr Poroshenko.

Nota-se, na perspectiva dos parágrafos iniciais acima, que se estabelecia, então, que solução do problema regional dependeria também da garantia de potências da Europa Ocidental, nos moldes do ordenamento definido nos anos pós-1945.

As partes prometeram: cessar-fogo e retirar suas forças da linha de contato; a presença de armas pesadas na área da zona-tampão foi estritamente proibida; os sistemas de foguetes de lançamento múltiplo Uragan e Smerch, bem como o de mísseis balísticos de curto alcance Tochka, deveriam ser retirados a 70 km da linha de contato; observadores da OSCE deveriam monitorar a implementação dessas regras; além da troca de prisioneiros de acordo com o princípio *todos por todos*, os lados foram obrigados a realizar a anistia dos capturados durante os confrontos armados; o lado ucraniano também deveria adotar a lei sobre o *status* especial dos distritos separados de RPL e RPD e realizar eleições locais, levando em consideração o posicionamento dos representantes de ambas as Repúblicas de Donbass. No dia seguinte às eleições, Kiev deveria assumir o controle total da fronteira estatal ucraniana; além disso, os Protocolos de Minsk estipulavam a implementação de uma reforma na Ucrânia, que previa a introdução de um conceito de descentralização na Constituição do país que deveria ter levado em consideração as especificidades de "certos distritos das regiões de Donetsk e Lugansk".

Segundo Moscou, contudo, nos últimos cinco anos, "o lado ucraniano simplesmente se absteve de implementar as cláusulas políticas dos Acordos de Minsk, exigindo, em vez disso, que o controle da fronteira entre os territórios de RPL e RPD fosse entregue primeiro a Kiev".

Essas exigências, no entanto, foram rejeitadas pelas autoridades das ditas *repúblicas* e por Moscou, que suspeitava que, uma vez que as forças ucranianas assumissem o controle da fronteira e isolassem efetivamente as repúblicas do mundo exterior, Kiev poderia então tentar esmagar a oposição por meios militares.

A RPD e a RPL, assim como a Rússia, também acusaram o governo ucraniano de ocupar assentamentos ilegalmente na zona-tampão e de colocar equipamento militar pesado na região.

A situação foi ainda mais agravada pelo fato de que as potências ocidentais repetidamente fecharam os olhos à recusa de Kiev em aderir aos Acordos de Minsk, ao mesmo tempo em que repreendiam constantemente a RPD e a RPL por supostas violações dos mesmos acordos.

Em 21 de fevereiro de 2022, Putin assinou um decreto para reconhecer a independência das repúblicas de Donbass, que mais tarde se tornaram parte da Rússia. A iniciativa resultou em ataques ucranianos crescentes de bombardeios e sabotagem contra a RPL e a RPD. O decreto foi seguido por anúncio de Putin quanto ao início de uma *operação militar especial russa* na Ucrânia em 24 de fevereiro.

Conclusão

Caso se confirme a previsão de que "O mundo não pode mais ser visto e ditado pelo G-7", caberia retornar, no que diz respeito à questão da Ucrânia, à reflexão sobre a possibilidade que a Comunidade de Estados Independentes, com sede em Minsk, Belarus, possa ser foro conveniente para negociações de paz entre Moscou e Kiev, conforme exposto acima.

Seria, então, conveniente poder dispor de espaço regional *euroasiático* – que a Rússia pudesse chamar de *seu* – para ativar os mecanismos previstos pela CEI.

Nesse caso, o papel de facilitador nas negociações elevaria o perfil diplomático de Minsk – sede da CEI – no cenário mundial, conforme descrevi em capítulo anterior, em 15 de junho, intitulado: A "reinvenção da Belarus" e a "ativação da Comunidade de Estados Independentes para a solução do conflito".

ARMÊNIA E AZERBAIJÃO:
origem do conflito na formação e dissolução da União Soviética

Rio de Janeiro, em 26 de setembro de 2023.

O processo desordenado como foi formada, em 1922, e dissolvida a União Soviética, em 1991, ajuda a explicar a *desesperança*, quanto à paz, que prevalece no conflito entre o Azerbaijão e a Armênia.

Conforme analisado em sucessivos capítulos anteriores, havia *esperança* quando, no âmbito do projeto da Comunidade de Estados Independentes, foi assinado, em 15 de maio de 1992, a Organização do Tratado de Segurança Coletiva (OTSC) por Armênia, Cazaquistão, Quirguistão, Rússia, Tajiquistão e Uzbequistão, na cidade de Tashkent. O Azerbaijão assinou o tratado em 24 de setembro de 1993, a Geórgia em 9 de dezembro de 1993 e a Belarus em 31 de dezembro de 1993. O tratado entrou em vigor em 20 de abril de 1994.

Sua fundação reafirmava o desejo dos Estados participantes de se abster do uso ou da ameaça da força. Os signatários não poderiam aderir a outras alianças militares – como a OTAN – enquanto a agressão contra um signatário seria percebida como contra todos. A agressão em curso da Rússia contra a Ucrânia e o conflito entre Armênia e Azerbaijão atestam que o OTSC não produziu os resultados esperados.

Ademais, dois acordos de Minsk continuam sendo desrespeitados; um referente à questão de Nagorno-Karabakh, entre Baku e Ierevan; e outro sobre as reivindicações territoriais russas quanto à vizinha Ucrânia. Sobre esses assuntos discorri em artigos publicados por *Mundorama*, em 15 de junho e 3 de setembro de 2023.

Nesse sentido, cabe lembrar que a visão de futuro apresentada pelos russos, até recentemente, *sugeria* novos vínculos para um espaço pós-soviético, no sentido de uma *União das Repúblicas do Exterior Próximo*.

Ao contrário do que era aguardado como *esperança* de que o OTSC pudesse servir de mecanismo de paz, a agressão de Moscou, em curso, contra a Ucrânia criou oportunidade para que o Azerbaijão pudesse também resolver, com o emprego da força, o *conflito congelado* com a Armênia, em outra área do antigo Império Russo, que o Presidente Putin gostaria de ressuscitar.

Trata-se, como é sabido, de disputa entre os dois países quanto à soberania sobre Nagorno-Karabakh (território com grafia feia, mas tradução bonita de *jardim negro*). O conflito, no entanto, deve ser analisado no contexto histórico mais amplo da Caixa de Pandora,[39] aberta após a desintegração da União das Repúblicas Socialistas Soviéticas (URSS), em 1991. Proponho, a seguir, reflexão sobre o ocorrido, naquela área, a partir de então.

No Cáucaso, a história real do final do século XX e do início do atual não é a respeito de animosidades étnicas irreconciliáveis ou antigas disputas, mas sobre como ambições pessoais têm prevalecido, durante esse período, sobre o interesse de coletividades. Isso tem sido possível em virtude do legado do pensamento stalinista de vincular, na arquitetura da URSS, *nações a territórios*.

Atos de violência, naquela área, são resultado da forma desordenada como ocorreu o processo de desintegração da União Soviética. Isso porque, na medida em que o mecanismo ideológico que a sustentava desapareceu, em 1991, sobreviveram rivalidades criadas e consolidadas pelo modelo de governança stalinista, imposto durante os 70 anos anteriores.

Esse privilegiava lideranças das chamadas Repúblicas Soviéticas que, após o desaparecimento da URSS, preservaram a divisão cartográfica que lhes fora desenhada por Moscou e insistem em defender prerrogativas próprias que lhes foram outorgadas pelo *velho regime*.

Tais privilégios diziam respeito, principalmente, ao conceito de *autodeterminação*, que veio a provocar o surgimento das tais Repúblicas Soviéticas – etapa intermediária para *a consolidação do socialismo* – com capacidade de decisões próprias, com o emprego, até mesmo, de forças armadas a sua disposição. O objetivo final, após aquele período, seria a inserção de todos esses minigovernos na moldura de governança maior da então poderosa União Soviética.

---

[39] Daniela Diana. Professora licenciada em Letras. A *Caixa de Pandora* é um objeto extraordinário que faz parte da mitologia grega. Trata-se de uma caixa onde os deuses colocaram todas as desgraças do mundo, entre as quais a guerra, a discórdia, as doenças do corpo e da alma. Contudo, nela havia um único dom: a esperança.

A etapa posterior, *sabe-se*, ocorreria com a universalização do poder do proletariado. A dialética marxista garantiria que, com o desaparecimento da luta de classes, as referidas repúblicas se dissolveriam, em favor do interesse maior compartilhado por todos, "ansiosos por serem conduzidos ao comunismo".

Nessa perspectiva, a origem dos problemas que ainda permanecem no Cáucaso, Norte e Sul – segundo literatura disponível sobre o assunto –, encontra-se na complexa interpretação de Stalin sobre o significado de *nação*.

A diferença entre o conceito stalinista de nação e o pensamento *burguês* sobre o tema pode ser entendido como que, para este "o nacionalismo seria o caminho para a guerra e o imperialismo". Para os seguidores do líder soviético, no entanto, apenas um sistema político, que permitisse a nações exprimirem seu desejo de autodeterminação, evitaria conflitos e eliminaria a burguesia do poder. Tal autodeterminação, contudo, deveria ser claramente percebida como sendo "em benefício dos interesses do proletariado".

Dessa forma, por exemplo, não seria permitido a líderes religiosos reivindicarem autodeterminação de uma área, apenas para satisfazer anseios de muçulmanos ou cristãos. "Os interesses dos trabalhadores, como um todo, deveriam ser levados em conta para obter o benefício em questão."

A integração do Cáucaso à União Soviética era descrita como "a determinação voluntária de seus povos de se unirem à classe proletária ao Norte". Na prática, tratava-se de reviver o antigo Império Russo. Nesse processo, houve tentativas de tratar a região como um agrupamento regional próprio, inclusive com a criação de uma Federação de Repúblicas Soviéticas do Transcáucaso, sobre a qual não haveria espaço para tratar neste texto, que pretende ser sucinto.

O importante para este exercício de reflexão, no entanto, é o fato de que, em meados da década de 1930, foram reconhecidas, em Moscou, três *Repúblicas Autônomas*, ao Sul do Cáucaso, a saber: Armênia, Geórgia e Azerbaijão. Ao norte das referidas montanhas, outras regiões foram criadas, com o mesmo nível de autonomia das vizinhas austrais e configuração territorial semelhante à existente atualmente: a noroeste, o Daguestão tornou-se unidade administrativa; e a Chechênia adquiriu *status* semelhante. Essas regiões administrativas ao norte e ao sul do Cáucaso podiam reivindicar algum nível de legitimidade, em termos de contornos étnicos e certo grau de vínculos culturais e econômicos entre seus habitantes.

Fica claro, hoje, que a liderança da URSS não poderia antecipar, então, que as fronteiras que estavam traçando viriam, a partir da década de 1980, tornarem-se pretexto para explosões de violência em defesa justamente das prerrogativas que tais delimitações geográficas poderiam beneficiar pessoas ou grupos de indivíduos.

Na medida em que novas classes dirigentes foram se consolidando nessas Repúblicas, métodos de governança soviéticos vieram a ser adotados, tais como julgamentos e execuções sumários, e *desaparecimentos*. Enquanto essas *modalidades de controle social* iam se incorporando aos hábitos locais, vínculos de cumplicidades fortaleciam as elites que se mantinham no poder, à custa do emprego da violência contra seus próprios nacionais.

A fase pós-Stalin testemunhou a subida ao poder de nova geração, adepta de métodos menos truculentos para se preservar no governo, na medida em que as Repúblicas Soviéticas foram se tornando estados-nações. Ao Sul do Cáucaso, *déspotas esclarecidos* assumiam a direção na Armênia – Karen Demirchian (1974-88) – no Azerbaijão – Heydar Aliyev (1969-82) – e na Geórgia – Eduard Shervadnadze (1972-85). Os três se beneficiaram da ânsia por estabilidade decorrente da turbulência e terror vigentes na fase stalinista. Todos consolidaram feudos virtuais em seus domínios. O problema é que, cada vez mais, grupos fortaleciam seus interesses recíprocos, em detrimento do benefício maior dos habitantes dos territórios sobre sua autoridade.

Ao norte da região, não se desfrutava de processo idêntico. Ao contrário da busca da estabilidade, mesmo que fosse com a consagração de ambições pessoais, Chechênia e Daguestão – entre as áreas objeto deste estudo, que, cabe reiterar, busca identificar explicações gerais para problemas atuais, sem reivindicar exatidão científica – foram marcadas por período de turbulência política, com o início da fase pós-soviética da década de 1990 e início do milênio.

A Rússia, como é sabido, envolveu-se em duas guerras na Chechênia, no período de 1994-96, durante o Governo de Yeltsin, e 1999, no de Putin. Desnecessário lembrar os massacres na escola de Beslan, Ossétia de Norte, e em teatro em Moscou, por combatentes pela independência daquela região ao sul da Rússia.

De acordo com documentação disponível, haveria três principais explicações para tais conflitos e atos de violência. A primeira diria respeito ao fato de que, no norte do Cáucaso, como ao sul, reivindicações étnicas por antigas classes dominantes foram incorporadas por novas lideranças políticas como argumentos legítimos, de forma a se perpetuarem no poder.

A segunda envolve disputas fundiárias históricas, que passaram a alimentar ímpetos genocidas, no interesse de grupos sociais, sempre dispostos a consolidar suas prerrogativas. A terceira pode ser encontrada no repetido emprego da força, por governos de Moscou, tanto para eliminar opositores, quanto para manter governantes que lhe fossem simpáticos. Este último fator contribuiu, sem dúvida, para polarizar as tensões regionais.

Mais importante, com a fase pós-soviética, chegou ao norte do Cáucaso outra forma de mobilização, expressa no fundamentalismo islâmico. Rapidamente, o discurso radical foi assimilado pelos militantes chechenos, com pesada herança de combate contra os russos, seja contra o Império, na década de 1840-50, seja contra a dominação soviética. Em momento algum – sempre de acordo com a literatura disponível – tais lutas tiveram conotação religiosa, na forma adotada após a implosão da URSS.

Cabe notar, a propósito, que os guerrilheiros passaram a adotar vocabulário de combatentes islâmicos em outros cenários de guerra. Assim, os russos passaram a ser chamados de *infiéis*, seus mortos passaram a ser *mártires* e os simpatizantes de Moscou denominados *hipócritas*. Houve, no entanto, inovações nos procedimentos de relações públicas. Assim, enquanto o rebelde checheno Imam Shamil,[40] no século XIX, escrevia cartas, com pedidos de apoio ao Sultão Otomano, hoje os líderes daquela região criam *sites*, como o *Book of a Mujahideen*" e cobram acesso por múltiplos cartões de crédito.

Este texto tem procurado argumentar, portanto, que a violência ocorrida no Cáucaso após a desintegração da URSS – com realce ao conflito entre o Azerbaijão e a Armênia – decorre, por um lado, da fraqueza e da forma desordenada de extinção do Estado Soviético e, por outro, da determinação dos *governos nacionais* que lhe sucederam – tanto os que obtiveram reconhecimento internacional, quanto os que não o conseguiram – no sentido do emprego da força para preservarem seus egoísmos pessoais ou regionais. Não representam, nessa perspectiva, exatamente a defesa histórica de identidade ou destino nacionais.

---

[40] Nicholas Griffin. *Caucasus – A Journey to the Land Between Christianity and Islam*. The Chicago University Press. 2004.

Assim, reitera-se, cada parte que se envolveu em conflito foi conduzida por classe dirigente que havia sido privilegiada, durante o período soviético, com uma chamada *administração autônoma*. Daí as autoridades impostas por Moscou nesses enclaves, sem quererem renunciar a prerrogativas consagradas, decidiram recorrer ao emprego da força – com o benefício do abundante material militar deixado pelos exércitos russos, em retirada – para transformar antigas instituições soviéticas em novos estados. Não fossem as estruturas administrativas herdadas e certas ambições pessoais que motivavam a preservação de privilégios adquiridos, as guerras pós-soviéticas talvez não tivessem ocorrido.

Na medida em que tais conflitos foram adquirindo vida própria, disputas que, conforme já reiterado, tinham origem pessoal ou regional, passaram a adquirir conotação étnica. Hoje, os conflitos são lembrados como lutas de libertação nacional ou lutas trágicas em defesa de integridade territorial da mãe pátria. Uma geração completa de crianças cresceu sustentada por tais afirmações patrióticas.

Segundo consta, em algumas regiões que hoje reivindicam autonomia, currículos escolares foram reescritos, para convencimento de gerações futuras de que haveria conexão entre *supostos estados antigos e atuais*.

Em resumo, a desordem pós-soviética no Cáucaso não foi resultado de rivalidades naturais entre nações em busca de independência, mas, sim, o reflexo da capacidade da comunidade internacional de tolerar algumas formas de secessão e não outras. Assim, secessões bem-sucedidas, como as de Armênia, Azerbaijão e Geórgia, foram legitimadas com o reconhecimento internacional e a admissão em organizações internacionais.

Aqueles regimes não reconhecidos – Nagorno-Karabakh, Abcássia e Ossétia do Sul – foram vistos, no exterior, como tentativas desesperadas de racionalizar a secessão. Uma diferença óbvia, entre os reconhecidos e não reconhecidos foi, simplesmente, o tamanho. Os não reconhecidos eram insignificantes, em termos populacionais: menos de 200.000 na Abcássia e Nagorno-Karabakh, e talvez ao redor de 70.000 na Ossétia do Sul. Representavam, no entanto, parte expressiva do território dos países reconhecidos, dos quais queriam se separar: cerca de 15% da Geórgia e do Azerbaijão.

No início do milênio – segundo dados disponíveis – era difícil para visitantes identificar diferenças de estilo de vida, a ponto de estabelecer identidades nacionais distintas entre as terras ocupadas pelos habitantes de Estados reconhecidos ou não. A falta de eletricidade e outras deficiências de infraestrutura, a corrupção, a ausência de governança e de governabilidade eram as mesmas.

As diferenças se encontravam, apenas, entre os projetos dos personagens que não queriam renunciar aos privilégios e prerrogativas obtidos durante o período soviético. Suas ambições, no entanto, eram idênticas, através do Cáucaso, fossem seus países reais ou imaginários: manter-se no poder.

Conclui-se afirmando que, no final da década de 1990, e início dos anos 2000, reivindicações herdadas do período de hegemonia da URSS, sobre o Cáucaso, continuavam a ressurgir, sem que modalidades de governança adotadas durante aquelas sete décadas de escuridão tivessem sido desmanteladas.

Apenas quando houver o compromisso de desenterrar o passado recente e os responsáveis pelos erros cometidos, durante o período de dominação soviética, tenham seus erros devidamente avaliados, poderia haver mudanças significativas nas formas de governança ou *desgovernança* no Cáucaso, sul e norte.

A evocação à metáfora da *Caixa de Pandora*, a propósito, é oportuna, pois, segundo a mitologia grega, foi no alto das montanhas do Cáucaso que Zeus mandou acorrentar Prometeu, para que seu fígado fosse comido por abutres, como punição por ter entregado o fogo prometido aos humanos.

Até hoje – e visitei o local – há uma chama eterna que brota do chão, perto de Baku, que seria aquela fogueira inicial. Ao escurecer, adquire um tom azulado. É um prazer observar o fenômeno – entendido hoje pela óbvia presença de gás subterrâneo – sorvendo chá com iguarias locais. Imagine-se, no entanto, a popularidade daquele fogaréu todo, inexplicado através dos séculos, favorecendo o surgimento de crenças e credos como os seguidores de Zaratustra, que adoram o fogo (os devotos do Zoroastrismo, hoje, vivem principalmente na área de Mumbai, Índia).

Pandora e sua caixa entram na sequência desse drama grego. Resta torcer para que – segundo citado na nota de rodapé da página 156 – a *esperança*, também contida naquele recipiente, venha a prevalecer, com o estabelecimento da paz naquela parte do mundo.

Cabe esperar, nessa perspectiva, que se chegue à moldura contratual que permita a esse coletivo de culturas conviver como entidades autônomas e consolidadas. Caso contrário, resta aguardar, na perspectiva do ocorrido na Ucrânia, novas *operações militares especiais*, se esforços de distanciamento inaceitáveis pela Rússia acontecerem no Cáucaso – norte ou sul.

Alternativa a esse cenário pessimista seria, reitero, a reativação de princípios consagrados pela Comunidade de Estados Independentes (mencionada em capítulos anteriores) fundada em Minsk, em dezembro de 1991, com vistas à preservação da paz entre países que pertenceram à antiga União Soviética – como Rússia, Ucrânia, Armênia e Azerbaijão.

CHINA E ÍNDIA:
emergência e impacto no novo ordenamento internacional

Rio de Janeiro, em 9 de outubro de 2023.

China e Índia ocupam, hoje, parcelas quase idênticas de interesse no noticiário internacional, enquanto exercem a liderança em sucessivas reuniões de alto nível, com diferentes siglas e participantes diversificados.

Os chineses já despertavam atenções, desde o início do processo de abertura da República Popular ao exterior, na década de 1980. Os indianos, mais recentemente, passaram a provocar enorme curiosidade, pela ruptura gradual com modelo de desenvolvimento tradicionalmente fechado, em descompasso com a globalização.

Permeando os frequentes atuais relatos, encontram-se interpretações sobre *uma nova ordem internacional*, na qual Pequim e Nova Delhi teriam protagonismo equivalente. Tratar-se-ia da emergência de *paradigmas civilizacionais*, que viriam a competir com as instituições que têm regido o mundo a partir de 1945.

O interesse, agora, pela relevância das nações mais populosas do planeta e civilizações entre as mais antigas é, no entanto, com frequência, analisado apenas na perspectiva da crescente inserção internacional de suas economias, bem como a partir da cobiça quanto ao acesso de centenas de milhões de seus potenciais consumidores à oferta de produtos e serviços estrangeiros.

A propósito, o foco prioritário na dimensão econômica leva a crer que o progresso tecnológico em comunicações promoveria maior cooperação e entendimento entre os povos. Com uma melhor educação, as pessoas tornar-se-iam mais independentes e racionais.

Na medida em que as sociedades se tornassem mais afluentes, acreditava-se, superariam paixões *tribais* ou nacionalismos extremados, enquanto nstituições globalizadas consolidar-se-iam, criando, mesmo, um novo ordenamento entre as nações.

Infelizmente, parece ter acontecido o contrário, pois, enquanto o mundo se tornou mais rico e mais bem educado, diferenças identitárias também se fortaleceram. Nacionalismo e tribalismo tampouco desapareceram. Na prática, instituições transnacionais, como a ONU e a União Europeia tornaram-se fracas e sujeitas a crises.

Sabemos, agora, que a criação de uma economia global e a emergência de novas forças tecnológicas não erodiram culturas e valores locais. Verificou-se, pelo contrário, que, na medida em que as pessoas tiveram acesso a maior informação e educação, suas diferenças culturais se tornaram mais pronunciadas – não menos. Nesse processo, diferentes grupos demonstraram perseguir visões distintas de bem-estar, assim como reagiram de formas agressivas a ameaças perceptíveis a sua dignidade cultural.

Melhor direcionamento de foco, no que diz respeito à atual emergência da China e da Índia, deveria levar em conta, portanto, o grande desafio do entendimento de como as culturas evoluem, adaptam-se ou permanecem estáveis. Que tipo de influência essas alterações exercerão no cenário internacional?

Nesse sentido, chamam atenção especial, por um lado, as sucessivas declarações da China de que sua condição atual de potência emergente deve ser entendida como uma nova fase histórica, marcada por *ascensão pacífica* do país, destinada a beneficiar seu entorno imediato e relações com o exterior.

Por outro, a Índia não busca nem expandir sua cultura, nem suas instituições democráticas. O que os indianos parecem analisar com grande precisão são os quesitos necessários para a segurança interna de sua multiculturalidade, em ambiente internacional estável.

A liderança atual indiana, portanto, parece entender que a inquietação mundial, provocada por rivalidades étnicas e religiosas, poderá afetar, também, seu próprio país. Daí, Nova Delhi ter que exercer amplo leque de interlocução com culturas que rodeiam a Índia.

AS ORIGENS DAS DUAS CIVILIZAÇÕES

Verifica-se, a propósito, que, mesmo existindo no Oriente e no Ocidente características sociais comuns a toda a humanidade, China e Índia foram historicamente influenciadas por formas específicas de organização, determinadas pelo clima e pelo relevo regionais, e pelo conjunto de crenças e valores que levaram a instituições políticas e ideologias diferentes de outras partes do mundo.

A primeira parte deste exercício de reflexão tratará de condicionantes geográficas, que contribuíram para moldar as civilizações daqueles dois países, que, apesar de distintas, compartilham, no entanto, de efeitos de uma natureza ao mesmo tempo rica e invasora.

O clima, nessa perspectiva, permite distinguir claramente as regiões geográficas que formam a Ásia. Ao norte, se estende a Ásia continental, isto é, a Sibéria; ao centro, aparecem desertos imensos; no oeste, o clima mediterrâneo predomina, com algumas variações – todos esses tipos climáticos encontram equivalentes em outras partes do mundo.

No Subcontinente Indiano, contudo, há um fenômeno original, sem réplica alhures. Trata-se das monções, que ocorrem, em geral, de abril a setembro, e se caracterizam por fortes chuvas, que, por um lado, ajudam a desenvolver a agricultura e, por outro, podem causar inundações, colocando em risco a vida humana.

A vida, naquela região está ligada às variações desse clima das monções, que provoca ventos dos oceanos em direção ao continente, no verão, e do continente em direção aos oceanos, no inverno. O relevo também influenciou a ocupação humana, na medida em que reduziu as opções de áreas habitáveis.

A ocupação humana organizada na Ásia ocorreu, na China, a partir do terceiro milênio antes de Cristo. A civilização chinesa desenvolveu-se nas grandes planícies do norte, onde a terra é amarela, chamada de *loess*, e favorece a agricultura.

A Índia foi povoada cerca de mil anos depois, com o surgimento de cidades com estruturas básicas. A grande pluviosidade foi, sem dúvida, o motivo que atraiu sucessivas levas de novos habitantes.

A Ásia das monções apresenta uma mistura complexa de civilizações de origens diversas, resultante de invasões sucessivas. Não se pode falar, nem no passado, nem hoje, em *unidade étnica*, na medida em que "raças" diferentes dividiram essa região e a ocuparam, em diferentes áreas e períodos.

Em função do relevo, a Índia permanece fechada à Ásia Central. A imensa barreira imposta pelo Himalaia separa solidamente a planície chinesa da bacia do rio Ganges. Em contrapartida, a Índia se abre em direção ao Ocidente. Apesar de quase desértico, o planalto iraniano – vizinho ao subcontinente indiano – não é intransponível e, portanto, sucessivas levas de imigrantes chegaram à Índia, procedentes da Ásia Ocidental, atravessando a Pérsia.

A Índia é, também, aberta ao exterior através do Golfo de Bengala, proporcionando-lhe uma vocação marítima e ligações comerciais milenares com diferentes partes do mundo.

Segundo dados disponíveis, os primeiros habitantes da Índia foram tribos *arianas* ou *indo-europeias*, originárias da Europa. Os *arianos* (Aryas) não modificaram as culturas encontradas no território que vieram ocupar. Introduziram, no entanto, o sistema de divisão da sociedade em *castas* estanques, que viria a alterar definitivamente as relações sociais em âmbito estrito e rígido.

Por influência dessas novas levas migratórias, são fortalecidos os vínculos com a Indochina, sem que esse sistema de castas seja exportado para aquela sub-região. Registra-se, contudo, que a *ação civilizadora* exercida no Sudeste Asiático, a partir do século mil antes de Cristo é de origem indiana.

Enquanto isso, a China – separada da Índia, ao sul, pelos Himalaias – abre-se para o norte e noroeste, interagindo com povos de Mongólia, Turquestão, planície Caspiana e Mar Negro.

Os contatos dos chineses com o exterior são feitos por via terrestre. A China é, portanto, muito menos voltada para o mar do que a Índia. Sua influência estende-se até o Japão, transitando pela Península Coreana. Atinge, também, parte da Indochina.

O mundo chinês é, portanto, muito mais concentrado sobre si próprio do que o indiano.

O povoamento dessas regiões é muito antigo. As pessoas foram se adaptando às condições naturais. Utilizaram a terra com criatividade, tornando-se sociedades agrícolas. Apesar de diferenças notáveis entre as culturas chinesa e indiana, a espiritualidade asiática é marcada pela submissão às forças da natureza, bem como pela busca de riqueza e desenvolvimento puramente interior dos indivíduos.

A Ásia é uma expressão geográfica. Não corresponde a uma civilização particular. Agrupamentos humanos muito variados se espalharam por seu território. Uma *civilização asiática* se apresenta, apenas, no Extremo Oriente. Naquela área, com efeito, a vida humana se relaciona mais com o continente do que com o mar e seu litoral.

Pode-se falar, portanto, de um mundo do Oceano Pacífico e do Índico. Cada um destes deve ser estudado separadamente. A natureza e a história, no entanto, concederam traços comuns a esses dois vastos conjuntos, diferenciando-os do mundo ocidental.

Assim, segundo dados históricos disponíveis, a dinastia *Chang* floresceu, na China, no segundo milênio antes de Cristo, tendo sucumbido a invasores conhecidos como os *Tchéous*.

Em seguida, um novo império se organiza, mas é tão vasto que se fraciona em principados hostis uns aos outros. A guerra civil se intensifica até que uma família mais forte, a dos *Han*, impõe sua autoridade. Os quatro séculos de paz assegurados pelos Han são seguidos por novo período de anarquia, até que veio a ser instalada a dinastia Tang (entre 618 e 907 DC).

Essas lutas internas, no entanto, não impediram que a China estendesse sua influência sobre a Península Coreana e ilhas japonesas.

Tais conflitos marcaram profundamente a mentalidade chinesa em dois aspectos principais: o camponês viveu sempre na ignorância sobre as causas dessas profundas alterações na vida política do país, enquanto consolidou completa indiferença quanto ao que se passava além do seu grupo social de interesse mais próximo; e o comércio e a agricultura se desenvolveram à margem dos grandes movimentos políticos que sacudiram o Império Chinês através dos séculos.

Enquanto isso, até a chegada dos conquistadores turcos-afegãos, no século XII, as sucessivas levas de invasores ou novos imigrantes que chegavam à Índia foram sendo absorvidos pelas civilizações já estabelecidas na área. Assim acontecera com gregos, hunos e diferentes grupos e tribos da Ásia Central.

Com turcos e afegãos, no entanto, veio novo elemento cultural que não foi absorvido pelo Hinduísmo – o Islã.

Mesmo que essas duas religiões tenham permanecido separadas e distintas à civilização que chegou à Índia com o Islã, começou a influenciar todos os aspectos da vida local, criando o que alguns estudiosos chamaram de uma cultura indo-islâmica, particularmente no norte do país.

Dois debates são criados, com respeito ao relacionamento entre a Índia e o Islã.[41] O primeiro é histórico. Estudiosos ocidentais descrevem as di-

---

[41] Vide *Asia Pacific: A View on its Role in the New World Order*, por Michael S. Dobbs--Higginson, editado por Longman 1993.

nastias turco-afegás e suas sucessoras, Mughals, como o período de regência muçulmana na Índia. Outro grupo de acadêmicos discorda. Para estes, a comunidade muçulmana não exerceu poder, tendo, na verdade, compartilhado o poder com lideranças comunitárias locais.

O segundo debate diz respeito à teoria de que haveria duas *nações* na Índia, após a chegada do Islã àquele país. Este ponto de vista justifica a divisão atual do subcontinente, com a criação do Paquistão.

Os que se opõem a tal interpretação assinalam que o sentimento de nacionalidade surgiu, na Índia, apenas em meados do século XIX. Havia uma elite muçulmana, naquela época, mas o país fora governado pelos ingleses.

Tais debates podem parecer obscuros, mas conduzem ao âmago da questão da identidade indiana, na medida em que coloca o país em condição de absorver influências externas, sem perder seu sentido de identidade.

Caberia, por exemplo, comparar as posturas chinesa e indiana, no processo de absorção de influências ocidentais, a partir do início do século XVIII.

No que diz respeito à China, esses aportes do exterior ocorreram quando sua civilização e sistema de governança estavam enfraquecidos. Nesse país, as pressões exercidas de fora, portanto, foram mais traumáticas do que na Índia.

No caso chinês, houve evolução no sentido a um *nacionalismo* e totalitarismo, que se fundiram durante a fase maoísta. Na Índia, as influências externas levaram a uma democracia vigorosa.

A Espiritualidade nas duas Culturas

Procura-se, a seguir, analisar, em linhas reconhecidamente simplificadas, como a emergência de China e Índia, com suas diferentes percepções sobre a espiritualidade, podem impactar o ordenamento internacional vigente.

Verifica-se, a propósito, que a mente ocidental judaico-cristã desenvolveu e favoreceu uma visão otimista da evolução da humanidade e, nesse processo, consolidou-se uma fé na capacidade de o homem aperfeiçoar-se, através de um melhor planejamento, da tecnologia, da ampliação da educação e da abertura de oportunidades para todos.

Enquanto isso, o pensamento asiático hindu-budista se sente à mercê de forças destrutivas: da natureza, como doenças; dos homens, como a guerra; e do passar do tempo, que, ao decorrer da longa história das nações daquela parte do mundo, tem engolido indivíduos, reinos e cidades.

No Ocidente, valoriza-se a genialidade humana para inventar, organizar e disciplinar o espaço geográfico, com o intuito de controlar as forças móveis da natureza. Assim, os indivíduos são os agentes que provocam mudanças – a natureza permanece a mesma. Esta pode ser conquistada pela análise científica e pode ser subjugada pelos avanços da humanidade.

Os pensadores europeus do século XVIII acreditavam no *iluminismo coletivo*, isto é, na sabedoria, como um combate à escuridão do desconhecimento, tornando a sociedade perfeita, nobre e pura. Os do século XIX valorizaram o progresso material e coletivo, a conquista das forças da natureza, a abolição da violência, da escravidão, da injustiça e a vitória sobre o sofrimento e a morte prematura. O Ocidente chegou ao século XX convencido de que apenas com intenso e extenso planejamento e organização pode a civilização humana ser salva.[42]

No mundo ocidental, hoje, a fragilidade da vida humana não causa mais obsessão, na forma sofrida pelos antepassados, dos séculos XV e XVI. Ao invés de atitude de aceitação, resignação e contemplação, cultiva-se uma vida de movimento constante, provocando mudanças a cada volta, melhorando e planejando as coisas, submetendo o crescimento do mundo a alterações previsíveis.

Em suma, ao invés de procurar entender a vida e o cosmo como um todo, busca-se o controle sobre detalhes concretos.

A espiritualidade asiática foi sempre intensa, a ponto de permear a arte, tornando-a, com frequência, expressão tipicamente religiosa.

Na China, durante períodos como o da Dinastia Tang houve a construção de estátuas imensas e pagodes. Mas os chineses vivenciaram momentos em que floresceu uma arte desengajada de qualquer preocupação divina.

A Índia, de sua parte, sempre esteve inteiramente voltada para a especulação religiosa. As primeiras grandes construções indianas datam do II milênio antes de Cristo e são santuários. Em seguida, vieram as *stupas*, que são imensas construções *hemisféricas* ou cônicas, ao mesmo tempo, símbolos místicos e monumentos comemorativos.

Ente os séculos IX e XVIII DC a Índia se cobre de templos, enquanto a influência espiritual indiana se estende pelo Sudeste Asiático. Os imensos conjuntos de Angkor Vat, no Camboja, e os templos de Bangkok são alguns exemplos do papel espiritual desempenhado pela Índia.

---

[42] *Le Monde Contemporain – Histoire – Civilizations* "Collection d'Histoire Luis Girard" Bordas, 1966.

A Ásia das monções, contudo, não foi berço de religião alguma – no sentido de ter fornecido um conjunto de regras, dogmas, revelações religiosas precisas, acompanhadas de imperativos. A espiritualidade asiática, portanto, não segue ordenamento prático, nos moldes a que estamos acostumados no Ocidente. Trata-se, portanto, antes de tudo, de um exercício de meditação, um voltar-se para o seu próprio interior, um esforço de concentração.

Uma análise superficial da espiritualidade indiana parece indicar que esta se aproximaria de formas religiosas do Ocidente. À época das invasões indo-europeias, a Índia assiste à implantação em seu território de uma tradição religiosa à qual é dado o nome de *Veda* (o saber).

O Veda é uma revelação *vinda do alto*, mas não pode ser comparada às revelações na forma concebida pelas *religiões mediterrâneas*.[43] O *Saber* seria proveniente do *Brahma*, que é, em grande medida, a *palavra, o Espírito Absoluto*. O Bhrama é a *unidade*, cada alma é uma parte destacada desta unidade, que só se reencontra quando volta a se fundir no *todo*.

Essa crença foi denominada Bramanismo ou Hinduísmo, com seus *deuses* maiores ou menores, seus templos e cerimoniais. Desenvolveu-se, assim, um ritual do Bramanismo, paralelamente a um aspecto puramente espiritual, que é a espera ao retorno ao *Universal*.

No século VI antes de Cristo, uma nova concepção espiritual, o Budismo, se expandiu a partir dos Himalaias. Verifica-se, a propósito, que o Budismo não pretende nem inovar, nem complementar, nem combater, nem substituir o Bramanismo. Desenvolve-se ao lado do Bramanismo, sem confirmá-lo ou contradizê-lo.

O Budismo foi apresentado à Índia em momento de grandes convulsões sociais, provocadas por guerras internas e invasões externas. Seria, em grande medida, uma forma de consolo a povoações rurais que não dispunham de grandes expectativas quanto a sua própria existência.

As relações estreitas entre a natureza, a vinculação profunda num mundo camponês, limitado por laços familiares, são ainda mais sensíveis no universo chinês do que no espaço indiano.

O Budismo exerceu influência sensível na China. Durante a Dinastia Tang (618 a 907), manifestou-se através da influência no desenvolvimento de esculturas. Os chineses guardaram do Budismo, acima de tudo, o des-

---

[43] Vide *Philosophies of India*, por Heinrich Zimmer. Editado por Joseph Campbell. Bollingen Series/Pinceton, 1989.

prendimento das coisas deste mundo. Mas, com frequência, seguiram sua própria via.

No VI século AC, Confúcio veio propor-lhes soluções bem distintas do Budismo. Tendo como ponto de partida, também, sua sociedade contemporânea, Confúcio chegou a solução muito distinta daquela do Budismo. Isso porque o *momento presente* também não lhe parecia perfeito – longe disso –, mas ele identificava possibilidades de transformações. Estas aconteceriam através do controle dos impulsos pessoais. Não seria necessário, como acreditam os budistas, *escapar de tudo*. Pelo contrário, caberia adaptar-se.

Confúcio, assim, apresenta uma filosofia que considera o homem dentro da natureza, que se expressa pelo culto do passado, considerado como uma era melhor, e pela comunhão com o mundo material. Daí resulta, para seus seguidores, a busca permanente da harmonia que se manifesta através do gosto por uma escrita extraordinária. A caligrafia é bela em seus menores detalhes. A pintura de paisagens, como se refletissem o estado da alma, é também levada a extremos do bom gosto.

A pintura, ademais, é influenciada por um outro aspecto do pensamento chinês: o Taoismo, que é uma doutrina mais recente do que o Confucionismo. O Taoismo é uma forma de meditação sobre a ordem da natureza, muito mais mística do que o Confucionismo, na medida em que se submete à essência do mundo para poder penetrá-lo.

Alguns pensadores concluem que a espiritualidade oriental apresenta grandezas e fraquezas, na medida em que, por um lado, é superior ao pensamento ocidental, que jamais soube dedicar a mesma humildade e busca de compreensão – a exemplo da espiritualidade oriental – às leis do mundo, aceitá-las e ir além delas (*les dépasser*).[44] A *simpatia universal*, que, no entanto, submete o pensamento asiático à passividade, dificulta a luta das pessoas daquela parte do mundo contra as forças da natureza, as destruições provocadas por sucessivas guerras e o condicionamento de hábitos consagrados por heranças milenares.

A sociedade indiana, por exemplo, é o resultado da assimilação de centenas de influências culturais, originárias da Europa e da Ásia, trazidas dos continentes europeu e asiático. A Índia incorporou, portanto, costumes e

---

[44] *Le Monde Contemporain Histoire - Civilisations* – Collection d'Histoire Luis Girard. Bordas, 1966..

crenças das diferentes civilizações que a invadiram ou lá se estabeleceram. Como resultado, hoje existem no país 17 línguas oficiais e algumas centenas de dialetos.

Mas a Índia não foi apenas *importadora* de cultura. Foi também *exportadora*. O sânscrito, como se sabe, é uma língua originária na Índia e raiz de línguas indo-europeias, como o grego e o latim.

O Budismo nasceu na Índia, derivado do Hinduísmo, mas praticamente desapareceu de seu país de origem, espalhando-se pela Ásia e outras regiões. O Hinduísmo, no entanto, foi difundido pelo Sudeste Asiático, mas continuou a florescer, principalmente no território indiano.

Verifica-se, a propósito, que o Hinduísmo parece adaptar-se perfeitamente à sociedade indiana – há quem diga que, nesse caso, a religião influencia a sociedade e vice-versa. Isto é, a profusão de *deuses* oferece ampla escolha de devoção aos fiéis e teria ajudado no estabelecimento de sistema casta que sobrevive há 3.000 anos.

AS ORIGENS ESPIRITUAIS

É possível notar, com respeito à espiritualidade oriental, uma submissão quase que mística à ordem das coisas que o espírito humano espera penetrar de forma dócil.

A sabedoria chinesa não tem a mesma profundidade do misticismo indiano. Enquanto se endereça a uma povoação de camponeses, o Confucionismo desenvolve uma moral de simpatia humana e resignação.

Diante da espiritualidade oriental, o Cristianismo, permeado, também, de forte carga de misticismo, aparece como doutrina de ação. A caridade que o Cristo pregou é, assim, uma caridade ativa.

Para todos os cristãos, o dogma é idêntico. Mas a interpretação do relacionamento entre o homem e Deus varia consideravelmente. Os católicos concebem essas relações como um diálogo entre a criatura e o Criador. Os ortodoxos percebem, de sua parte, uma subordinação do finito ao infinito. Existe, assim, para os católicos, uma troca ativa; para os ortodoxos, a aceitação.

Em toda a extensão do Corão, aparece a referência constante à vontade de Deus. O muçulmano acredita e, porque ele acredita, obedece.

Até a chegada dos conquistadores turcos-afegãos, no século XII, as sucessivas levas de invasores ou novos imigrantes que chegavam à Índia foram sendo absorvidos pelas civilizações já estabelecidas na área. Assim acontecera com gregos, hunos e diferentes grupos e tribos da Ásia Central.

Com turcos e afegãos, no entanto, veio novo elemento cultural que não foi absorvido pelo Hinduísmo – o Islã.

Mesmo que essas duas religiões tenham permanecido separadas e distintas, a civilização que chegou à Índia com o Islã começou a influenciar todos os aspectos da vida local, criando o que alguns estudiosos chamaram de uma cultura indo-islâmica, particularmente no norte do país.

Dois debates são criados com respeito ao relacionamento entre a Índia e o Islã. O primeiro é histórico. Estudiosos ocidentais descrevem as dinastias turco-afegãs e suas sucessoras, Mughals, como o período de regência muçulmana na Índia. Outro grupo de acadêmicos discorda. Para estes, a comunidade muçulmana não exerceu poder, tendo, na verdade, compartilhado o poder com lideranças comunitárias locais.

Conclusão

Conforme mencionado no início deste capítulo, China e Índia ocupam, hoje, espaços quase idênticos nas atenções mundiais.

A importância maior da atual emergência da China e da Índia encontra-se, no entanto, na análise de como essas culturas evoluíram e se adaptaram aos sucessivos desafios históricos que lhe foram impostos. Que tipo de influência futura essas alterações terão no ordenamento do cenário internacional?

A China tem reiterado que sua condição atual de potência emergente deve ser entendida como uma nova fase histórica, marcada por *ascensão pacífica* do país, destinada a beneficiar seu entorno imediato e relações com o exterior. Nesse contexto, cabe examinar o crescente compromisso de Pequim com as nações ao sul de suas fronteiras, que representariam o agrupamento regional, ASEAN, onde aconteceria, prioritariamente, essa *ascensão chinesa*. (Em textos anteriores, analisei esta questão.)

Quanto ao fenômeno indiano, cabe avaliar se existe, realmente, processo sustentável de crescimento ou se não se trata, por um lado, de exercício promocional do governo de Nova Delhi, com sua campanha de divulgação de oportunidades de investimento, ou, por outro, de contraofensiva de empresas multinacionais assustadas com sua excessiva dependência da economia chinesa e, portanto, interessadas em criar alternativa para seus investimentos.

Ao contrário dos chineses, os indianos nunca procuraram expandir sua cultura, nem suas instituições democráticas. Sua grande preocupação parece ser a garantia da segurança interna de sua multiculturalidade, em ambiente internacional estável. A liderança atual indiana, portanto, parece entender que a inquietação mundial, provocada por rivalidades étnicas e religiosas, poderá afetar, também, seu próprio país. Daí, Nova Delhi ter que exercer amplo leque de interlocução com culturas que rodeiam a Índia.

Na medida em que se consolide a emergência desses dois países, que possuem laços de vizinhança milenares, bem como se desenvolvam cooperação mais intensa e troca de ensinamentos sobre como administrar seus respectivos processos de crescimento exponenciais, haverá, sem dúvida, impacto significativo no ordenamento político internacional.

Basta lembrar que, há pouco mais de 50 anos, foram ambos os promotores dos chamados Cinco Princípios de Convivência Pacífica. Caberia, agora, desejar que contribuam para um relacionamento internacional baseado no respeito mútuo entre culturas diversas.

As comparações entre os países que adotam como símbolo, respectivamente, o elefante e o dragão seriam inúmeras. Conta lenda regional, contudo, que o dragão teria o hábito de devorar o filhote do elefante. Enraivecido o pai da cria seria capaz de enfrentar o inimigo. Ao término da peleia, o dragão estrangularia o paquiderme, que, com seu peso, cairia ao chão, esmagando o adversário com seu peso. Haveria destruição mútua.

Espera-se, nessa perspectiva, que a competição entre os dois gigantes asiáticos continue a ocorrer em termos pacíficos e simbólicos, prevalecendo os traços favoráveis da elegância do elefante e da imponência do dragão.

A contribuição de China e Índia para o tal *novo ordenamento internacional* teria, assim, início auspicioso.

CHINA: A Rota das Sedas e
o vento que sopra do Oriente

Rio de Janeiro, em 20 novembro de 2023.

"Ou o vento do Oriente prevalece sobre o vento do Ocidente, ou o do Ocidente prevalece sobre o do Oriente", escreveu Mao Zedong, em 1957, na sua linguagem ao mesmo tempo poética e belicosa para descrever o conflito bipolar então existente. Seis décadas mais tarde, a atual liderança em Pequim está conseguindo que ganhe vigor o vento oriental, por meio de iniciativa denominada *Cinturão e Rota*.

Marcante, nessa *proposta meteorologica sínica*, foi o fato de que o primeiro trem a fazer o percurso da China ao Reino Unido foi batizado de *East Wind*, tendo levado 16 dias para percorrer 12 mil quilômetros, atravessando Cazaquistão, Rússia, Belarus, Polônia, Alemanha, Bélgica e França até chegar à área londrina. Estima-se que teria feito a viagem utilizando um quinto do tempo que seria gasto por via marítima.

Em sua dimensão estratégica atual, no dia 27 de outubro de 2023, o Presidente da República Popular da China, Xi Jinping, comemorou os 10 anos de lançamento do projeto do *Cinturão e Rota das Sedas*, com a presença, em Pequim, de representantes de dezenas de países e organizações internacionais, incluindo o Presidente Vladimir Putin, da Rússia, e do Secretário-Geral da ONU, Antônio Guterres.

Na ocasião, Xi afirmou que a China seria o único país "capaz de navegar os desafios do século XXI". "Mudanças no mundo de hoje são de significado histórico e estão ocorrendo como nunca", afirmou aos que participaram do *Belt and Road Forum*. Segundo ele, "a China dedicaria esforços incansáveis para levar a modernização a todos os países" e para construir "um futuro compartilhado por toda a humanidade".

A visão de Xi expressa a proposta atual do Partido Comunista da China, no sentido de "reformular o sistema internacional, que agora favoreceria os Estados Unidos da América e seus aliados". Na sua perspectiva, o vento do Oriente continuaria a prevalecer sobre o do Ocidente.

Seria possível, para tanto, que houvesse renúncia à *soft power* ora exercida, de forma global, pelo *American way of life*? Isso em favor de *harmonia planetária* sugerida por *poder suave com características chinesas*?

II

Encontra-se disponível ampla bibliografia sobre valores, quantidades e composição das mercadorias transportadas, nas travessias de ida e volta por ferrovias ora criadas pela China, em direção à Europa. Já têm sido, também, exaustivamente descritos os caminhos que levariam *o vento leste a ser, hoje, mais forte que o do oeste*, na medida em que são louvados os atuais ganhos geopolíticos chineses.

No sentido contrário, amplas críticas são divulgadas a respeito dessa expansão da economia e dos valores de governança chineses – como resultado do projeto – em termos de conflitos com identidades culturais diversas, excessivos ganhos para a China e, mesmo, facilitação de novos canais para a expansão de vírus, com eventual origem na RPC, entre outros malefícios da mesma proposta.

Para os países considerados rivais, Pequim acreditaria que o momento seria propício para alterar o equilíbrio de poder mundial, assegurando, cada vez mais, a ascensão da China.

Nesse sentido, os chineses têm promovido seu *modelo de governança alternativo* através de iniciativas globais, com o objetivo de conseguir apoio em diferentes partes do mundo. Para alguns observadores, essa promoção de valores de formas de governança chinesas cria temores quanto à consagração de *normas de governo autocráticas* – tais como pesadas formas de controle social, censura e repressão política – que poderiam tornar-se práticas aceitáveis em outras partes do mundo.

Ademais, a atual pressão chinesa para sobrepor-se aos EUA acontece em momento de *grande turbulência sob o céu*,[45] na medida em que acontecem

---

[45] Em discurso pronunciado na Assembleia Geral das Nações Unidas, em 10.04.1974, Deng Xiao Ping, então Vice-Primeiro-Ministro da RPC, elaborou sobre o conceito, afirmando que: "A situação é a de *grande desordem sob o céu*", como a descrevemos, nós os chineses. A *desordem* é a manifestação do agravamento das contradições básicas do mundo contemporâneo. É a aceleração da desintegração, do declínio e deca-

guerras na Europa e no Oriente Médio, contesta-se a hegemonia unipolar norte-americana e questões climáticas surgem por todas as partes do mundo. Esse contexto coincide com a reivindicação, pelo *Sul Global*, de uma ordem internacional mais justa e com múltiplos polos.

Muitos desses países, menos favorecidos atualmente, reforçaram seus laços econômicos com Pequim durante a presidência de Xi, que, como se sabe, tem divulgado que "durante uma década, a China pretende investir até UM TRILHÃO DE DÓLARES NORTE-AMERICANOS na construção de infraestrutura de seus aliados".

Não é possível assegurar que, na sequência da promessa de tamanho investimento, países a serem beneficiados viriam a adotar a visão de mundo e formas de governança chinesas.

O exercício de reflexão a seguir, no entanto, preocupa-se mais com a evolução histórica que permitiu à China prevalecer em sua inserção internacional no entorno que lhe é mais próximo. As áreas a serem analisadas são o Sudeste Asiático e a Ásia Central. Será concedida ênfase ao discurso atual do Governo de Pequim no que diz respeito a cada uma dessas regiões.

De início, é feita referência ao esforço de Pequim em recorrer à história para demonstrar a importância dos oceanos na interação entre a *civilização terrestre chinesa* e as civilizações ultramarinas, enquanto busca dar versão benigna à viagem do Almirante Zheng He, ocorrida há 600 anos, ao Sudeste Asiático. Em seguida, busca-se explicar os objetivos atuais da diplomacia chinesa, destinada a traçar novo perfil de influência na Ásia Oriental.

No que diz respeito aos efeitos dos périplos de Zheng He há, no entanto, críticos severos da tese atual dos dirigentes chineses quanto a apenas efeitos benéficos do empreendimento. Setores de opinião contrária descrevem suas viagens como predadoras e destinadas a criar vínculos de dependência entre as nações visitadas e o então poderoso Império Chinês.

Os dirigentes chineses pretendem, de qualquer forma, resgatar as referidas expedições marítimas históricas como registro de suas *intenções pacíficas* e exemplo da permanente busca de *harmonia* – em oposição a *hegemonia* – nas relações da China com seus vizinhos ao sul de suas fronteiras. O Partido Comunista Chinês (PCC), portanto, se esforça, tanto no plano interno quanto no das relações com o exterior, no sentido do convencimento de

---

dência de forças reacionárias e o estímulo do despertar e da crescimento de novas forças populares".

que, em todos os momentos de emergência do país – há 600 anos, como agora – a China pode ser forte sem representar ameaça regional ou mundial.

Esse enunciado de intenções pode ser tranquilizador para os que habitam ao sul da China. Na década de 1980, principalmente, havia extrema preocupação, no Sudeste Asiático, quanto a possível *China Threat*, diante da abertura daquele país ao exterior. Agora, haveria pelo menos um enunciado de intenções pacíficas sínicas com respeito a seus vizinhos austrais.

Verifica-se, contudo, certa preocupação quanto à outra proposta chinesa. A de criação de uma nova Rota das Sedas, como um projeto estratégico que visa a transformar a Ásia Central de sua condição atual de *land locked* (sem acesso ao mar) em *land linked* (com ligação terrestre) proporcionando, assim, acesso a mercados e portos no Oceano Índico, no Golfo Pérsico e no Oceano Atlântico.

Sua implementação representará, sem dúvida, a melhoria da malha ferroviária através da região, ligando o Irã ao Tajiquistão, atravessando o Afeganistão e chegando à fronteira com a China. Em sua dimensão de *ponte terrestre eurasiana*, conjuntos de ferrovias, estradas e dutos conduzirão bens e recursos naturais, nos dois sentidos, entre o porto de Lianyungang, na China oriental, através do Cazaquistão, na Ásia Central, até Roterdam, e entre o delta do Rio das Pérolas, no sudeste da China, através do Sudeste Asiático, e também Roterdam. Cabe lembrar que já existe a ferrovia transiberiana, no percurso de Vladivostok, na Rússia oriental, a Roterdam.

A RPC entende, nessa perspectiva, uma *New Silk Route*" como ligação terrestre para facilitar seu abastecimento de recursos naturais e a venda de produtos *made in China*. Alguns setores de opinião preocupam-se, contudo, com possível necessidade chinesa de que essa intensa capilaridade de ferrovias, estradas e dutos conte, na área a ser percorrida por tais vias de transporte, com proteção militar, seja local ou, eventualmente, mesmo fornecida por Pequim.[46]

Torna-se pouco convincente, a propósito, que a China queira relacionar sua expansão, pelo continente eurasiano, com o ressurgimento da *Rota das Sedas*. A visão chinesa, neste caso, busca a mesma justificativa utiliza-

---

[46] Lin, Christina, "Visiting Scholar at the Center for Transatlantic Relations at the Paul H. Nitze School of Advanced International Studies", - Resumo de trabalho intitulado *China's New Silk Road to the Mediterranean: The Eurasian Land Bridge and Return of Admiral Zheng He*, Outubro de 2011. "ISPSW Strategy Series: Focus on Defense and International Security".

da no caso das viagens marítimas do já referido Almirante Zheng He, que projetara – sempre de acordo com a narrativa de Pequim – poder e cultura chineses superiores, principalmente no Sudeste Asiático, há seiscentos anos.

Nessa perspectiva, pretendo, inicialmente, examinar o crescente compromisso de Pequim com as nações ao sul de suas fronteiras, que representariam o agrupamento regional onde aconteceria, prioritariamente, essa *ascensão chinesa*, em benefício de futuro compartilhado.

A China e o Sudeste Asiático durante a Dinastia Ming

O Sudeste Asiático é situado na confluência de rotas comerciais entre o Ocidente e o Oriente e, portanto, absorveu variadas culturas. O intercâmbio entre aquela região e o mundo exterior ocorreu, principalmente, ao redor do Mar do Sul da China, do Mar de Java e do Estreito de Malaca, que se situam nas proximidades da China e da Índia e entre os oceanos Pacífico e Índico.

Antes da chegada dos europeus, no século XV, entre os anos 800 e 1368 – período que marcou o final da dinastia Yuan e início da Ming – comerciantes chineses começaram a visitar a região.

Conforme já mencionado em capítulos anteriores, o navegador chinês mais importante dessa época foi o Almirante Zheng He, que, entre 1405 e 1433 – dinastia Ming – efetuou sete expedições ao sul das fronteiras chinesas, estabelecendo entrepostos comerciais, sob a autoridade do Imperador Yongle. Segundo seus relatos sobre as relações da antiga China Imperial com o Sudeste Asiático ou *Nanyang*, eram caracterizadas pelo tratamento diferenciado concedido a três grupos de *unidades tribais e políticas* então identificados. Hoje, tais conjuntos correspondem aos países seguintes: o constituído por Myanmar, Laos e Vietnã; o formado por Malásia, Cingapura, Indonésia, Filipinas e Brunei; e o do Camboja e da Tailândia

Há correntes de pensamento atual que atribuem efeitos benignos à herança deixada durante os périplos do navegador. Outros analistas têm opinião contrária.

Segundo os que procuram relacionar o *caráter pacífico* das viagens de Zheng He, com o atual processo de *ascensão pacífica* chinesa, o navegador chinês teria deixado, como legado de suas visitas, atitude de "coexistência pacífica entre diferentes religiões e grupos étnicos". Teria promovido, então, espírito de tolerância, abertura e inclusão, através do comércio e de intercâmbio cultural.[47]

Assim – sempre de acordo com esse ponto de vista –, os imigrantes chineses que se instalaram em diversos pontos do Sudeste Asiático, com o apoio de Zheng He, foram os fundadores de muitas cidades costeiras. Nesse processo, estabeleceram princípios básicos de urbanismo, criaram portos, templos, mercados, ruas comerciais e salões de encontro, proporcionando identidade própria aos locais que então adotavam como nova residência.

Em contrapartida, os chineses tornar-se-iam *nativos* das localidades em que se instalavam, incorporando características regionais – como a arquitetura – a sua própria identidade cultural. Assim, formas de organização urbana inovadoras foram surgindo, incorporando elementos chineses e nativos, além de outras influências, resultando em paisagens que mesclavam elementos de diferentes origens.

Entre os principais críticos dos propósitos e legado das sete viagens de Zheng He, encontra-se o Prof. Geoff Wade, da Universidade Nacional de Cingapura.[48] Nesse sentido, esse autor afirma que as expedições do Almirante chinês representaram, na verdade, missões colonizadoras e de invasão, com pouca diferença das empreitadas portuguesas no século XVI.

Segundo seu ponto de vista, 300 dos 400 navios utilizados por Zheng eram embarcações militares, e, entre os 28.000 tripulantes, a maioria eram soldados. Citando fontes históricas chinesas, o Sr. Wade informa que, no século XV, não havia potência marítima, seja na Ásia Oriental ou no Sudeste daquela região, capaz de representar ameaça a tal armada. Pouco sentido defensivo existiria, portanto, para que o navegador chinês contasse com tamanho poderio.

Não são encontrados registros, contudo, de que Zheng He tenha deixado, nas áreas incluídas em seus sucessivos périplos, um único navio, soldados ou *colonizadores*. Seria, então, distinto o relacionamento do Império Chinês com as nações ao Sul de suas fronteiras.

---

[47] *A Celebration of Diversity: Zheng He and the Origin of the Pre-Colonial Coastal Urban Pattern in Southeast Asia*, por Johannes Widodo, publicado pela Universidade Nacional de Cingapura. 2002.

[48] Vide livro *Admiral Zheng He and Southeast Asia*, editado por Leo Suryadinata e publicado pelo *Institute of Southeast Asian Studies*, em 2005. Capítulo 3, "Did Zheng He set out to Colonize Southeast Asia", de autoria do Prof. Tan Ta Sen, Presidente da Sociedade Internacional Zheng He, em Cingapura.

O Perfil da Influência Chinesa

Desde o início da Dinastia Yin, em 3.000 A.C., a China desenvolveu sua própria civilização em isolamento, sem se defrontar com concorrente algum entre as culturas vizinhas. As tribos periféricas foram sempre menos adiantadas e, com frequência, aceitavam o imperador chinês como seu próprio suserano.

A ausência de rivais levava os chineses a dedicarem desprezo aos povos situados em seu entorno. Mesmo em momentos de fraqueza da China, quando alguns desses chegaram a invadi-la, como no caso dos mongóis (século XII), os bárbaros acabavam sucumbindo perante a superioridade da cultura chinesa. Não havia, portanto, a noção de igualdade entre Estados.

Os chineses desenvolveram, bem cedo, uma visão sinocêntrica do mundo. Esse pensamento incluía dois componentes principais. O primeiro era a ideia de que o Imperador da China reinava sobre aquele país e as áreas vizinhas, sem que, entre estas, fosse estabelecida qualquer distinção ou limites geográficos – eram consideradas simplesmente uma vasta mancha amorfa.

O segundo aspecto dizia respeito à percepção chinesa de que o mundo – dentro dos limites então alcançáveis – poderia ser governado de forma harmoniosa e pacífica, como uma sociedade ideal, sob o mando de um imperador virtuoso. Unidade e harmonia eram, assim, os objetivos a serem atingidos, numa visão utópica de como deveriam estabelecer-se as relações internacionais, sempre ditadas a partir de um centro de decisões localizado dentro da China.[49]

Traço também característico, resultante dessa noção de superioridade chinesa, era a atitude de desdém com respeito ao comércio internacional, delegado a populações de outras etnias, principalmente malaia. Tal postura era devida ao fato de a sociedade chinesa ter sido, essencialmente, agrária, não necessitando, como as potências europeias do século XVI, de acesso a recursos naturais, mercados e, portanto, de colônias.

Assim, no início da Dinastia Ming, o Imperador Zhu Yuanzhang desincentivou o comércio exterior, enquanto dedicava os recursos do país apenas a atividades agrícolas.

---

[49] A respeito da projeção da influência política chinesa na Ásia Oriental, vide *East Asia – Tradition and Transformation*, por John K. Fairband, Edwin O. Reischaurer e Albert M. Craig. Modern Asia Editions, 1976.

Segundo decreto desse Imperador, "Todos os Estados estrangeiros bárbaros além das montanhas e mares são situados em lugares isolados do universo. Capturá-los seria fútil, pois não são capazes de nos fornecer suprimentos ou alimentos adequados. Qualquer tentativa de civilizá-los seria insignificante. Caso cometam a imprudência de nos invadir, sem avaliar suas próprias fraquezas, será desastroso para eles. Seria, contudo, de mau agouro para nós montar uma operação militar contra eles, desde que não representem ameaça à China. Apenas porque a China é rica e forte não é motivo suficiente para usufruir a satisfação de derrotar os outros. Não há razão para ações de caráter militar, visando a causar sofrimento a outros povos – devemos lembrar que não nos cabe fazer isso."[50]

Assim, laços de vassalagem foram mantidos com Myanmar, Laos e Vietnã, até o final da Dinastia Qing, marcado pela instalação do sistema republicano, em 1912. A região predominantemente marítima do Sudeste Asiático – atualmente integrada por Indonésia, Malásia, Cingapura, Brunei e Filipinas – logo se separou da área de influência direta chinesa. Tailândia e Camboja ficaram em situação de dependência intermediária.

A lógica do relacionamento entre os estados tributários – ou vassalos – e o Império Chinês derivava do próprio sistema de relações sociais entre o Imperador e seus súditos, previsto nas normas confucionistas, adotadas desde o século VI A.C. De acordo com estas, o Imperador era soberano sobre todos *sob o Céu* e, na medida em que todo o mundo então conhecido era considerado *território imperial*, "todos os cidadãos do mundo deveriam pagar tributo ao Imperador".

Nessa perspectiva, até o século XIX, a China permaneceu como a força política dominante, bem como o radiante centro de civilização na região, em virtude de seu desenvolvimento cultural e sofisticado sistema de organização política. Por isso, os países do Sudeste Asiático eram mais ou menos atraídos à esfera de influência chinesa, em busca de fonte de inspiração e legitimidade política. O Império Chinês reciprocava, atribuindo à Nanyang vínculos especiais.

Tal coincidência de interesses gerou a formação de esquema de vassalagem em que praticamente todos os países da região pagavam tributos à China, em troca de reconhecimento, de proteção militar e assistência, quando

---

[50] Citado no artigo "Did Zheng He set out to colonize Southeast Asia", por Tan Ta Sen, publicado em *Admiral Zhen He and Southeast Asia*.

de situações de crise. Em diferentes ocasiões, a China chegou mesmo a intervir, tanto política quanto militarmente, fosse a convite de governos locais para restaurar a ordem, fosse por sua própria iniciativa para manter a estabilidade e a paz em suas fronteiras.

Cabe ressaltar que as relações da China com o Sudeste Asiático foram historicamente cordiais, marcadas pela busca constante do equilíbrio regional. Os chineses, sem nunca renunciarem a sua visão sinocêntrica do mundo, demonstravam determinação no sentido de pacificarem os *bárbaros* situados ao sul de suas fronteiras, ao mesmo tempo em que procuravam transmitir-lhes suas normas de comportamento confucionista.

A moldura política pretendida pelo Império do Centro, contudo, era de caráter eminentemente cultural, sem o estabelecimento de presença política direta no Sudeste Asiático, sempre que seus vizinhos não representassem ameaça ao equilíbrio da área.

Nesta perspectiva, a influência criada pela China era expressa pela sua incontestável superioridade em termos de organização política e social e produção de normas éticas de procedimento executadas exemplarmente pelos próprios chineses, na convivência entre nações. Não se procurava o domínio econômico ou a conquista territorial dos Estados vizinhos com o emprego da força. Como resultado, o Sudeste Asiático tinha a percepção constante da existência de uma potência regional a ser levada em conta, mas não permanentemente temida.[51]

A razão principal para que a China exercesse papel estabilizador na área, portanto, era devido à adoção pelos países vizinhos de sistema político-social semelhante ao monárquico chinês. Suas economias funcionavam, também, de forma similar e, através de intenso intercâmbio comercial, eram complementares.

Não existe um padrão de coerência e continuidade que permita traçar a evolução histórica da área da Bacia do Pacífico, até o século XX, de acordo com a metodologia normalmente utilizada para o estudo do progresso de civilizações ao redor do Mediterrâneo e do Atlântico.[52]

---

[51] Vide *A China e o Sudeste Asiático*, por Paulo Antônio Pereira Pinto, Editora da Universidade – UFRGS. 2000.

[52] Gerald Segal, em *Rethinking the Pacific*, Clarendon Press, Oxford, 1990, pag. 3, analisa as dificuldades metodológicas para o estudo da evolução da Bacia do Pacífico.

Isto é, enquanto a China simplesmente encarava os Estados ao sul de suas fronteiras como a periferia de seus domínios, naquelas outras partes do mundo desenvolvia-se intenso intercâmbio e trocas de influência, entre formações sociais cujo peso político variou através dos séculos, ora se equivalendo, ora uma superando a outra, mas sempre interagindo.

O interesse dos chineses pela *bacia* do oceano que banha seu país, por outro lado variou muito em intensidade no decorrer do tempo. Nunca houve uma visão estratégica ou de conjunto com respeito a *Nanyang*. O nome *Pacífico* só foi cunhado no século XVI, por Fernando Magalhães, após ter navegado por mares bem mais agitados, em seu entender.

Em linhas simplificadas, contudo, é possível verificar que tal formato de relacionamento foi fonte, tanto de moldura de estabilidade regional, incluindo a China e o Sudeste Asiático, que perdurou durante séculos, quanto de grande parte das tensões e percepções de ameaças que perduraram até o passado recente.

A Expansão por Círculos Concêntricos na Ásia Central

A montagem de esfera de influência da China, na Ásia Central, não parece sugerir o mesmo processo de emergência pacífica para a reintegração do Sudeste Asiático à antiga esfera de influência do Império do Centro. Observadores centro-asiáticos, a propósito, temem que a expansão chinesa em curso naquela região siga o rumo de *círculos concêntricos*, com base em teoria de *fronteiras estratégicas*.

Lembra-se, a propósito, que, com o colapso da União Soviética, em 1991, estados independentes, com forte influência do Islã, surgiram ao redor das fronteiras ocidentais da China. De repente, diante do efeito demonstrativo da emancipação da URSS de novas Repúblicas, como a do Tajiquistão, onde predomina a mesma religião, Pequim se viu forçada a confrontar desafios a sua autoridade na província limítrofe mais remota – a de Xingjian que, apropriadamente, significa *nova fronteira*, no idioma chinês. A prioridade da RPC foi, desde o início da década de 1990, a manutenção do domínio e da estabilidade sobre seu próprio território.

O conceito de fronteira empregado no que diz respeito à Xingjian, no entanto, sempre teve, para Pequim, conotação *móvel*. Isto é, dependendo da necessidade de explorar recursos e da capacidade de projetar poder para garantir tal apropriação, o traçado dessas *fronteiras* poderia expandir-se ou retrair-se.

Em seu livro *The New Silk Road Diplomacy*, Hasan H. Karrar explica que "the optimum level of expansion varied over time, a fact borne out by the cyclical expansion and withdrawal from Western Regions that corresponded with the center's ability to project decisive power into the contested frontier zone".

Com o crescimento econômico acelerado recente, no entanto, a RPC começou a identificar crescente competição internacional por recursos energéticos e influência na Ásia Central, agora livre do controle que Moscou exercia sobre a extinta URSS.

Nessa perspectiva, sempre de acordo com Hasan Karrar, imperativos de ordem econômica e de segurança determinam a estratégia expansionista chinesa a partir da província de Xingjian, no sentido ocidental, em direção à *Eurásia*. Registra, a propósito, que durante a Dinastia Qing, em 1884, aquele território foi incorporado pelos chineses e, em 1949, tornou-se uma *região autônoma* da recém-fundada República Popular.

Segundo esse raciocínio, o conceito de uma nova Rota das Sedas, para os chineses, significa, inicialmente, a estabilização de Xingjian, que, como se sabe, tem sofrido período de intensa turbulência. Em sua expansão ocidental, em direção à Eurásia, a China continuaria no esforço de desenvolver as regiões ocidentais mais remotas e garantir o fornecimento de recursos naturais.

Haveria, assim, uma visão chinesa de que a expansão de suas fronteiras no sentido ocidental seria dependente de uma política de sucessivos círculos concêntricos. Isto é, haveria um centro de poder em Pequim que, dependendo do poderio militar e força econômica do momento, teria capacidade de projetar ou retrair influência além de seu território, criando os tais círculos concêntricos. Esse tipo de evolução ou retração teria ocorrido, de forma cíclica no decorrer da longa história da China.

Cabe registrar que a Ásia Central tem representado área propícia para sucessivos períodos de expansão de diferentes impérios – além do chinês – tendo em vista a fragilidade das diferentes formas de instituições políticas que lá se instalaram, bem como abundância de atores não estatais, que variam de traficantes e bandos de saqueadores de pequenas aldeias. Essa complexidade é bem descrita no livro *The Great Game*, de Peter Hopkirk.

Enquanto isso, Pequim continua a evocar narrativas das viagens de Zheng He, que servem como conforto para os que se preocupam com sua expansão marítima. A projeção de seu poder terrestre, no entanto, não combina necessariamente com a ideia de ascensão pacífica marítima chinesa, conforme mencionado acima. Poderia refletir, sim, esforço de expansão de doutrina de fronteira estratégica.

No que diz respeito à *Rota das Sedas*, situa-se em região que separa a China da Ásia Central e Europa e é uma das mais inóspitas do mundo. A maior parte é coberta pelo deserto de Taklamakan, e sofre pela ausência de chuva e por frequentes tempestades de areia. Apesar de poucas estradas, em péssimas condições, caravanas fizeram seu percurso, durante séculos.

Ao invés de comercializar sedas, porcelanas, tapetes, pérolas e especiarias, os chineses hoje vendem eletrônicos, automóveis, aparelhos de telecomunicações, enquanto investem em portos, ferrovias, estradas, projetos de exploração de gás e petróleo e minas.

No momento, a China aparenta estar expandindo seus interesses por acesso a recursos naturais e a novos mercados, ao Pacífico Ocidental, ao redor da periferia dos países do Sudeste Asiático e ao sul da Ásia, bem como em direção à Ásia Central e crescentemente sobre o continente eurasiano.

O objetivo é estabelecer um fluxo de livre comércio e futura integração internacional de mercados. Com essa iniciativa, a China almeja novas oportunidades de comércio, estabelecendo *network* de integração e cooperação (*conectividade* para empregar o termo preferido de seu governo atual) com vários países que se dispuserem a participar.

Assim, se materializaria a *iniciativa de um cinturão e uma rota*, lançada por Pequim, em 2013, ambicionando a modernização da massa terrestre eurasiana, onde vive (incluindo chineses e indianos) cerca de sessenta por cento da população mundial. Ademais, tendo em vista a fragilidade do sistema de poder internacional vigente, o projeto de *Belt and Road* poderia indicar um novo ordenamento nas relações entre os países a serem incluídos.

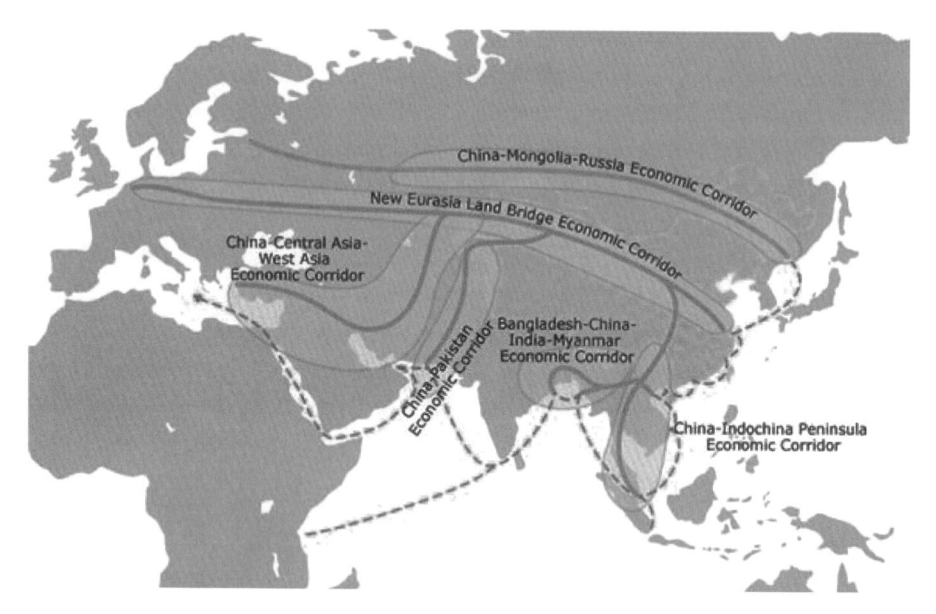

The Belt and Road Initiative: Six Economic Corridors Spanning Asia, Europe and Africa.
Fonte: HKTDC (2017) Interpreting the Belt and Road Initiative. HKTDC (Hong Kong; Trade Development Council).

Conclusão

Países em desenvolvimento devem, atualmente, cerca de um trilhão e 100 bilhões de dólares norte-americanos a Pequim, segundo divulgado no evento de celebração dos 10 anos do projeto *Cinturão e Rota*. De acordo com as mesmas fontes, há crescentes atrasos no pagamento de tais dívidas aos chineses. Os recursos, como se sabe – e mencionado acima – foram investidos em estradas, aeroportos, ferrovias e usinas elétricas, entre outros.

Na medida em que esses *bons ventos* têm ajudado o crescimento econômico dos países recipientes, suas respectivas capitais se aproximaram politicamente da chinesa, conforme ficou evidente, pelo elevado número de representantes, por ocasião do décimo aniversário do *Belt and Road*, em outubro passado.

É chegado, contudo, o término do período de carência – estimam algumas fontes – de 55% para o pagamento dos referidos empréstimos, em momento de maiores taxas de juros e variações cambiais. Avalia-se, também, que a China se tornou o maior *cobrador de dívidas do mundo*.

Cabe, portanto, aguardar *novos ventos* que permitam, por um lado, os endividados a cumprirem suas obrigações financeiras junto à RPC. Por outro, espera-se que prevaleça um *discurso inovador* dos chineses, de forma a desafiar o que identificam como *liderança global dos EUA*.

Segundo a visão de seus rivais, a atual ascensão chinesa deve ser temida pelo *caráter autoritário* de sua forma de governança. Isto é, haveria receio de que a emergência de um mundo regido por *normas autocráticas*, caracterizado por pesadas formas de controle social, censura e repressão política, viriam a tornar-se o *novo normal*.

Talvez, na perspectiva metafórica do início deste exercício de reflexão, Xi Jinping tenha indicado que teria havido evolução positiva – a seu ver – em tal caminho, ao mencionar, durante seu recente encontro com o Presidente Biden, por ocasião da Reunião de Cúpula da APEC, em São Francisco, no mês em curso, que os dois países teriam, agora, *recolocado suas relações sobre os trilhos*.